칼라스 재판과 볼테르

칼라스 재판과 볼테르
편견과 광신의 사회적 참상에 대하여

1판1쇄 | 2025년 12월 15일

지은이 | 하상복

펴낸이 | 정민용, 안중철
편집 | 윤상훈, 이진실

펴낸곳 | 후마니타스(주)
등록 | 2002년 2월 19일 제2002-000481호
주소 | 서울특별시 마포구 신촌로14안길 17, 2층 (04057)
전화 | 편집_02.739.9929/9930 영업_02.722.9960 팩스_0505.333.9960

블로그 | blog.naver.com/humabook
엑스, 페이스북, 인스타그램 | @humanitasbook
이메일 | humanitasbooks@gmail.com

인쇄 | 천일문화사_031.955.8083 제본 | 일진제책사_031.908.1407

값 16,000원

ⓒ 제주특별자치도
ISBN 978-89-6437-494-8 03300

제12회 제주4·3평화문학상 수상작

칼라스 재판과 볼테르

편견과 광신의 사회적 참상에 대하여

하상복 지음

후마니타스

차례

1~18   7

저자 후기   207
볼테르/칼라스 사건 연보   212
도움받은 자료   214

일러두기

제12회 제주4·3평화문학상 논픽션 부문 수상작 「칼라스의 전사: 관용의 사상가, 볼테르」를 단행본에 맞게 수정했습니다. 역사적 이야기를 구성하는 인물과 시공간, 사건은 모두 객관적인 기록입니다. 다만 이야기가 너무 딱딱해지거나 지루하지 않도록, 객관적인 사실을 왜곡하지 않는 수준에서 가공의 상황과 심리, 대화를 포함했습니다.

1.

가로수들이 대로를 따라 곧게 뻗어 있다. 마차 한 대가 대로를 부지런히 달리는 중이다. 말들이 끄는 마차 뒤로 먼지가 뽀얗게 일어났다. 봄의 기운으로 땅의 습기가 줄어들고 있는 탓이리라. 능숙한 솜씨로 마차를 몰고 있는 마부가 뒤를 돌아보며 소리쳤다.

"이제 곧 도착합니다, 나리. 여기서 마지막 휴식을 취하시는 게 어떻겠습니까?"
"그러시게."

마부가 길옆의 작은 공터에 마차를 세웠다. 말들의 입에선 연신 침이 흘러나왔다. 근 일주일을 달려왔으니, 사람도, 말도 지치지 않을 수 없다. 마부와 손님이 나란히 작은 바위에 걸터앉았다.

"그 먼 곳에서 베르사유궁전은 어쩐 일로 가십니까?"

"궁전에서 아주 중요한 심판이 열리네. 그 결과를 들으러 가고 있네."

파리에서 남서쪽으로 20여 킬로미터 떨어진 그곳에 베르사유 궁이 있었다. 궁전은 너무나도 커서 비현실적이기까지 했다. 본래 프랑스의 권력 중심은 파리의 루브르였다. 그러나 이 세상에 영원한 건 없지 않은가. 찬란함과 영광을 두른 루브르의 명성은 베르사유로 이동하고 있었다.

베르사유 궁은 루이 13세*가 왕의 사냥터로 조성한 별장이었다. 대역사大役事를 통해 그 사냥터를 유럽에서 최고로 거대하고 아름다운 궁전으로 탈바꿈시킨 이는 아들 루이 14세**였다. 그는 태양왕으로

---

* 루이 13세(1601~43): 앙리 4세와 마리 드 메디시스 사이에서 첫째 아들로 태어나 아버지의 갑작스러운 죽음으로 어린 나이에 왕위에 올랐다. 재상 리슐리외와의 정치적 지원 아래 프랑스의 군사력을 강화하고 프랑스어의 증진을 비롯해 프랑스 왕국의 문화 정책에 심혈을 기울였다. 프랑스 절대왕정의 효시로 알려져 있다.

** 루이 14세(1638~1715): 다섯 살에 왕위에 올라,

불렸다. 프랑스 왕국에서 가장 오랜 시간 권좌를 차지한 군주, 왕국의 영토를 최대로 넓힌 군주였다. 아무도 필적할 수 없는, 프랑스 절대왕정의 상징이었다. 그가 거처를 루브르에서 베르사유로 옮긴 것은 어릴 적 루브르에서 펼쳐진 권력 암투에 대한 혐오 때문이었다. 루브르 왕궁의 잔인한 권력 세계는 세상 물정을 모를 나이에 왕위에 오른 그를, 죽음을 피해 어머니와 함께 떠돌아다닐 운명으로 내몰았다. 그는 부왕 루이 13세의 갑작스러운 죽음으로 겨우 다섯 살에 왕위에 올랐지만, 어머니가 이끄는 왕권에 맞선 파리 고등법원과 귀족들의 반란으로 루브르에 머물러 있을 수 없었다.

그 같은 어린 시절 경험으로 말미암아 루이 14세는 절대권을 지닌 강력한 군주가 될 것을 열망했다. 그는 어머니의 섭정을 벗어나 권력의 참된 주

프랑스 고등법원, 재상, 왕실 간의 복잡한 권력투쟁으로 인한 프롱드의 난(1648~53)을 경험하면서 강력한 왕권에 기반한 절대군주 체제를 확립하기 위한 정치적 노력을 기울였다. 주변 국가들을 대상으로 영토 전쟁을 벌여 대외적으로는 유럽 최고의 강대국 프랑스를 만들었지만, 대내적으로는 많은 비판에 시달리기도 했다.

인공이 되자 그러한 정치적 기획을 밀고 나갔다. 자신이 창조주임을 보여 줄 권력의 새 장소가 필요했던 그는 아버지의 기억을 위대함의 미적 표상으로 바꾸어 내는 대공사를 추진했다. 그리하여 그는 프랑크왕국의 초기 번성기를 일군 클로비스*에 버금가는 군주가 되고 싶었으며, 쇠퇴하던 프랑크왕국을 유럽의 강자로 다시 서게 만든 샤를마뉴**라는 전설적인 영웅의 부활을 선포하길 바랐다.

"자, 그만 일어나세. 이제 곧 국왕참사회의 심판이 시작될 거야. 서둘러 가 보자고."
"그럽죠, 나리."

말을 마친 마부가 마부석에 앉는 동안 손님은 마차 안으로 들어가 눈을 감았다. 마차가 다시 출발

---

* 클로비스Clovis(446~511): 서로마제국 멸망 이후 프랑크들을 통합해, 프랑크왕국을 세우고 주변 군소왕국들을 복속하면서 왕국의 번성기를 이끌었다.
** 샤를마뉴Charlemagne(742?~814): 부왕의 사망으로 초래된 프랑크왕국의 분열과 위기를 극복하고, 군사정복을 통해 왕국의 전성기를 이끌었다. 카를대제로 불리는 인물이다.

했다. 규칙적인 리듬에 잠깐 잠이 들었나 보다. 덜컹거리는 소리에 눈을 뜬 손님이 밖을 내다보자, 저 멀리 눈이 부시도록 찬란한 베르사유궁전이 보이기 시작했다. 경탄해 마지않는 눈빛으로 마부가 말했다.

"천상의 궁전이 따로 없어 보입니다요."
"그러게 말이네. 먼 길 오느라 참으로 수고하셨네. 페르네로 금방 되돌아가야 할 수도 있으니 멀리 있지는 마시게."

손님은 피곤한 얼굴의 마부에게 당부한 뒤 베르사유궁전의 정문 앞으로 발걸음을 재촉했다. 소문을 듣고 온 사람들로 궁 앞은 벌써 북적이고 있었다. 성도, 신분도, 나이도, 피부색도 제각각인 군중의 시선이 모두 궁을 향하고 있었고, 왕궁의 철문 안쪽에는 근위병들이 근엄한 자세로 서 있었다. 철문을 사이에 두고 안과 밖이 완전히 다른 세상이었다. 거대한 황금빛 건물들로 둘러싸인 궁의 철문 안쪽에는 근위병을 제외하고는 사람 하나 보이지 않았지만, 철문 밖은 호기심 어린 사람들의 웅성거림으로 시끌벅적했다.

1765년 초봄이 시작되는 베르사유 앞, 궁의 화

려한 외형은 예전이나 지금이나 같아도 그 정치적 무게와 위상은 눈에 띄게 달라지고 있었다. 지금 저 궁의 주인은 루이 15세로, 태양왕의 증손이었다.

프랑스 왕국의 웬만한 사람이라면 다 알고 있었다. 루이 14세의 위대함과 영광의 이면은 비참함과 비극으로 얼룩져 있었다는 것을. 루이 14세의 후손들은 이름 모를 병으로 요절했다. 그리하여 태양왕에게는 두 명의 증손만이 남았다. 그러나 무심하게도 하늘은 그중 큰아이를 또 거두어 갔다. 비통함을 억누르고 신께 간절한 기도를 바친 끝에 루이 14세는 마지막 아이를 지켜 낼 수 있었다. 그 아이가 바로 루이 15세였다.

1715년 8월, 죽음을 앞둔 증조부가 증손을 불러 유언을 남겼다. "사랑하는 나의 아이야, 너는 세상에서 가장 위대한 군주가 될지니 신에 대한 너의 의무를 잊지 말아라. 늘 전쟁과 함께해야 했던 내 모습을 따르지 말 것이며, 언제나 이웃 나라들과 평화를 유지하기 위해 노력하여라. 백성들을 편하게 하는 데 온 힘을 다해야 할 것이다. 나는 국가적 필요 때문에 그렇게 하지 못한 불행한 사람이었다. 언제나 충언에 귀를 기울여야 하며, 너의 존재가 신에 속한 것임을 기억하거라."*

친애왕親愛王으로 불린 어린 왕은 사적인 대화를

즐기고, 여자를 좋아하는 잘생긴 남자였다. 유약하고 섬세한 기질을 소유한 루이 15세에게는 증조부와 같은 강인함이 없었다. 오랜 시간 베르사유궁전을 채우고 있던 육중한 기운을 감당하기 버거웠던 그는 증조부의 길을 가지 못했다. 결국 유럽의 평화를 유지하는 대가로 프랑스는 식민지 인도와 캐나다를 영국에 빼앗겼다.**

그런 그를 향한 여론의 시선은 곱지 않았다. 여론은 때로 바람과 같았다. 루이 14세를 전쟁광이라며 혐오하던 여론이 이제는 루이 15세의 무기력을 비난했다. 군주는 자신을 향한 대중의 불만을 슬기롭게 넘겨야 했다. 무능력한 군주가 통치하는 베르사유궁전은 백성들에게 더 이상 위압적이지도, 압도

---

* Daniel Rarbreau, "La Basiliqe Sainte-Geneviève de Soufflot", Caisse nationale des monuments historiques et des sites, *Le Panthéon: symbole des révolutions - de l'Eglise de la nation au Temple des grands hommes*, Picard, 1989, p. 42.

** 루이 15세의 재위 기간인 1756년부터 시작된 7년 전쟁에서 영국에 패배해 캐나다의 지배권을 빼앗겼고, 1757년에는 인도 벵골 지방의 패권을 둘러싸고 영국과 맞서 싸웠지만 패배해 인도의 지배권을 상실했다.

적일 수도 없었다. 절대적 권위와 위엄으로 둘러싸인 지난 시절의 베르사유 궁으로 보일 리가 없었다.

　손님은 사람들 사이로 비집고 들어가려 했지만 쉽지 않았다. 그는 어쩔 수 없이 너그러워 보이는 한 사람에게 물었다.

"친절한 양반, 국왕참사회의 심판이 언제쯤 열린다고 하던가요?"
"지금 막 시작했다고 들었습니다."

　조급한 손님의 모습이 이내 무리 속으로 사라졌고, 이제 사람들의 웅성대는 소리만 들려왔다. 이들은 세상일에 무감하지 않았다. 그것이 이렇게 왕궁 앞에 몰려든 이유였다. 비록 이들에게는 아무런 권리가 없었지만, 권력이 이들을 무시할 수 없는 시대가 도래한 것이다. 그리고 이 무리와 같은 시간을 사는 지식인들은 이 세상에 당연한 것은 하나도 없다고 생각하는 '불순한 자들', 바로 계몽이라는 새로운 시대의 주체들이었다. 언제든 왕권에 도전할 능력을 갖춘 이들 앞에서, 베르사유 정원의 주인은 절대군주였지만 할아버지와 같은 절대군주는 아니었다. 루이 15세는 바로크가 아니라 로코코*의 시대를 살고 있었다.

* 바로크baroque는 종교개혁에 대한 로마교황청의 반개혁 의지를 표상하기 위한 예술적 시도에 기원한 양식으로 가톨릭의 위엄과 위용을 드러낼 사치스럽고, 장엄하며, 과장된 건축과 예술 작품으로 구현되었다. 프랑스 절대주의는 바로크양식을 통해 권력의 위엄과 장대함을 재현하려 한바, 베르사유궁전은 프랑스 바로크 건축이 전범으로 꼽힌다. 그와 달리 로코코rococo는 바로크양식에 대한 반동으로 등장해, 밝고 가벼우며 정서적 친밀감을 드러내는 예술 양식을 표방하면서 루이 15세 시대를 풍미했다.

2.

    1765년 3월 9일 오전 베르사유. 어딘가로부터 바람이 불어왔다. 바람은 궁의 가운데로 몰려들어와 드넓은 정원을 향해 달려가고 있었다. 바람은 줄지어 서 있는 나무를 어지럽히고 호수를 출렁이게 하며, 흙먼지를 일으켜 세운다. 세상은 그 바람에 의해 그토록 세차게 흔들린다. 하지만 그걸 견딜 때에야 비로소 살아갈 기운과 생명을 부여받는다. 세상의 일들은 모순적이고 진실은 그 안에 담겨 있다.
    검은 법복을 입은 사람들이 바람을 가르며 엄숙한 얼굴로 회랑을 지나고 있었다. 어림잡아 40명쯤 되어 보였다. 국왕참사회Conseil du Roi의 한 기구인 계쟁참사회Conseil des parties의 청원 심판관들이다. 프랑스 왕들은 유럽의 다른 군주들보다 빠르게 봉건제를 혁파하면서 자신의 권력을 강화해 나갔다. 카페왕조의 일곱 번째 군주인 필리프 2세가 강력한 왕권 체제를 확립했고, 후대 군주들이 그 정치 기획을 한층 더 강화해 나갔다. 그렇게 주권자 군주를 정점으로 하는 권력 구조가 단단해져 갔다. 왕의 국정 자문 기구인 국왕참사회는 그 위계적 권력 구조의 제도적 상징이었다. 국왕참사회의 모든 결정이, 왕이 참여하든 참여하지 않든 최고 권력자의 정치적 결정과 판단으로 인정되어야 하는 것은 이 때문이었다. 참사회는 자문 분야에 따라 다양하게 구성되었는데 그 가운데에서도 계쟁참사회는 백성들의 청원으로 올라온, 분쟁 중이거나 재심이 필요하다고 판단된 소송사건을 검토하고 판결하는 사법적 권한을 가졌다.

    40명의 심판관이 참사회장으로 들어와 자리를 잡았다. 어느 때보다 무겁고 팽팽한 긴장감이 참사회장을 둘러쌌다. 참사회 의장직을 맡은 대법관의 굳은 입술이 열렸다. 그의 육중한 목소리가 회의장에 들어찬 두터운 침묵을 깨뜨렸다.

    "이 회의는 장 칼라스Jean Calas 사건의 재심 결과를 발표하기 위해 소집되었습니다. 칼라스의 부인 안로즈Anne-Rose Cabibel 씨가 이 사건에 대한 청원을 올렸고, 국왕참사회는 그 청원을 면밀히 검토해 전하께 사건의 전체를 보고드렸습니다. 우리의 위대한 전하께서는 재심이 필요하다고 결정하셨습니다.

참사회는 전하의 명령을 받들어 지난해 6월 4일 재심을 결정하고 사건을 처음부터 다시 꼼꼼하게 살펴봤습니다. 이제 그 결과를, 위대한 프랑스 왕국을 다스리는 고결한 전하의 이름으로 발표하고자 합니다."

심판 결과가 담겨 있는 문서를 여는 의장의 손이 미세하게 떨리고 있었다. 의장이 발언을 이어 나갔다.

"1762년 3월, 툴루즈에 사는 장 칼라스 씨는 부인, 아들, 아들의 친구, 하녀와 함께 공모해 자신의 큰아들 마르크앙투안Marc-Antoine을 교살했다는 혐의로 기소되어 재판을 받았습니다. 툴루즈 고등법원은 피고 모두에게 유죄를 확정했습니다. 그리하여 칼라스 씨는 수레바퀴 형으로 처형되었으며, 나머지 가족들 또한 추방되거나 수도원으로 강제 이송되었습니다. 이후 칼라스 씨의 부인은 자신의 남편을 비롯해 살해 혐의를 받은 이들의 무고함을 주장하는 청원을 올렸습니다. 국왕참사회는 이 사건의 재판 기록을 수개월 동안 검토하고 심판관들의 의견을 들으며 토론을 진행해 왔습니다. 참사회의 오늘 결정은 전하께 보고되어 승인받았음을 다시 한번 밝혀 두며 판결을 공표합니다."

참사회 심판관 40명은 만장일치로 장 칼라스 씨의 무죄를 선고한다. 또한 칼라스 씨와 공모했다는 혐의로 유죄를 받은 다른 네 명에 대해서도 모두 무죄를 선고한다.

이 선고에 이어 참사회 의장은 잘못된 재판으로 오랜 시간 고통 속에서 살아야 했던 이들에 대한 국가배상을 결정했다.

국가는 안로즈 씨에게 1만 2000리브르, 두 딸에게 각각 6000리브르, 두 아들과 하녀에게 각각 3000리브르, 그동안의 소송에 들어간 비용으로 6000리브르를 이들에게 지불할 것을 명령한다.

선고를 마친 참사회 의장이 행정 서기를 불러, 심판 결과를 지체 없이 청원인에게 전달하라는 명령을 하달했다. 청원을 올린 안로즈, 그녀의 두 딸, 아들 피에르Pierre, 아들의 친구 라베스Gaubert Lavaysse, 하녀 잔Jeanne Viguière은 판결이 나올 때까지 베르사유궁전의 작은 방에 모여 있었다.
그들은 앞서 국왕참사회가 툴루즈 고등법원의

판결을 파기하고 재심을 결정한 것에 기쁨을 감출 수 없었지만 그렇다고 안도할 수도 없었다. '도대체 이런 비극을 누가 예상이나 했을까? 이토록 슬프고 안타깝고 잔인한 사건이 어떻게 발생한 걸까? 원심과 같은 판결이 나올 수도 있지 않을까? 불행히도 그렇게 된다면 앞으로 살아갈 용기를 대체 어디서 얻을 수 있을까?' 억누르고 있어도 자꾸만 솟아오르는 이런 질문들 앞에서 그들은 초조했다. 한순간도 앉아 있을 수 없어 그리 넓지 않은 방을 서성여야 했다. 그들의 눈빛, 표정, 몸짓에는 극도의 긴장이 묻어나고 있었다. 실낱같은 희망이라도 버릴 수는 없지만, 과도한 희망의 다른 이름일, 깊은 절망을 경계하지 않을 수도 없었다.

머릿속을 어지럽히는 수많은 질문으로 혼란스러워하고 있을 때, 누군가 이쪽으로 오는 발소리, 이내 방문을 두드리는 소리가 들렸다. 국왕참사회의 결정을 전달할 행정 서기였다.

"국왕참사회의 결정이 담긴 문서를 전달하겠습니다."

행정 서기의 말은 무미건조했다. 하지만 그 감정 없는 목소리가 들려오는 순간을 그들은 놓치고 싶지 않았다. 아니, 그럴 수 없었다. 찰나의 시간이었지만, 그들은 기쁨과 슬픔, 환희와 비참, 자유와 구속, 빛과 어둠 사이를 수도 없이 지나고 있었다. 라베스가 참사회 직인이 찍힌 봉투를 받아 들었다. 왜 그가 서류를 손에 쥐었는지는 모른다. 아마도 봉투의 심리적 무게를 감당하기에 가족이 아닌 자신이 좀 더 적절한 사람이라고 생각했기 때문이었으리라.

라베스는 깊은 숨을 한 차례 내쉬고는 아주 천천히 봉투를 열었다. 흰색의 공문서가 모습을 드러내고 있었다. 안로즈의 입술과 손은 주체할 수 없이 떨렸고, 두 딸과 하녀는 서로를 끌어안았다. 라베스가 국왕참사회의 심판 내용을 소리 내어 읽는 동안 그의 등 뒤에서 피에르가 두려운 눈빛으로 문서를 바라보고 있었다. 문서를 정면으로 응시할 용기가 없었던 그에게, 문서를 가리고 있던 라베스의 몸이 심리적 안정을 주고 있는 듯했다.

국왕참사회의 판결을 듣고 나서 칼라스의 가족들은 누가 먼저랄 것도 없이 동시에 땅바닥에 주저앉아 버렸다. 그들의 눈에서는 눈물이 하염없이 흐르고 있었다. 그들은 루이 15세를 향해, 그리고 참사회를 향해 감사의 기도를 올리고 또 올렸다. 가족들은 마음속으로 이야기하고 있었다. '지난 몇 년간 마음이 갈가리 찢기는 고통과 치욕 속에서 지옥 같은 삶을 살아왔다. 하루에도 수십 번씩 죽고 싶은 마음이 솟아올랐지만 그때마다 꾹꾹 눌러 담아야 했던 처절한 시간이었다. 그러나 그렇게 생을 마감할 수 없다는 걸 잘 알고 있었다. 남편과 아버지의 무고함을 세상이 알아야 했고, 우리의 명예가 회복되어야 했기 때문이다. 그럴 수 있다고 끝없이 서로를 위로해 왔기에 가능한 일이었다. 그리고 너무나 고맙게도, 진실이 세상에 드러나야 한다는 신념으로 일체의 번거로움을 감수하면서, 자신이 처하게 될지 모를 위험을 대담함으로 물리쳐 가면서, 어떠한 대가도 없이 우리를 도와 온 볼테르 씨에게 의지해 지금까지 참아 낼 수 있었다.'

    영원히 밝혀지지 않을 것 같았던 진실은 그날의 사건이 일어난 지 4년이 훌쩍 지나서야 비로소 모습을 드러냈다.

    ***

    파리의 동쪽, 스위스의 제네바와 국경을 마주하고 있는 작은 마을 페르네Ferney. 베르사유에서 열린 국왕참사회의 결정을 들고 비서 와니에Wagnier가 돌아오기로 예정된 날 오전, 볼테르는 자신의 성 앞 정원을 거닐고 있었다. 아니, 어쩌면 서성이고 있었다는 편이 더 맞겠다. 봄이 오고 있었지만 바람이 여전히 차가운 정원에서 볼테르는 생각했다. '봄이란 놈은 애타게 기다리면 기다릴수록 더디게 오는 것 같다. 하지만 봄은 결국 겨울을 밀어내고 대지를 감싸안아 죽은 생명을 살려 낼 것이 아닌가.'

그 봄을 기다리는 볼테르의 마음이 초조했다. 애써 태연해지려고 했지만 쉽지는 않았다. 일흔 해 넘게 살아오면서 무수히 많은 도전과 어려움을 만났지만 언제나 당당하고 자신감에 차 있던 그였다. 그런데 이번만큼은 긴장의 끈이 조여지기만 할 뿐 초연함을 찾을 길이 없었다. 길가에 아무렇게나 흐드러진 야생화 잎을 무의식적으로 만지작거리는 손이 그의 마음 상태를 말해 주고 있었다.

볼테르의 뒤를 한 남자가 따라 걷고 있었다. 도나Donat라는 청년으로, 이른 아침 제네바에서 페르네로 달려왔다. 베르사유에서 내려진 중대한 심판 결과를 가지고 볼테르의 비서가 오늘 도착한다는 소식을 접한 그는 그 결정을 볼테르와 함께 듣고 싶었다. 아니, 그래야 한다고 생각했다. 만약 절망을 희망으로 바꾸는 판결이라면 볼테르와 함께 기뻐할 것이고, 생각조차 하기 싫지만, 그 반대라면 볼테르와 함께 슬퍼해야 한다고 생각했다. 초조하기는 도나도 다르지 않았다. 앳된 모습의 도나는 손가락을 입으로 가져가 손톱을 연신 물어뜯었다. 그래도 자꾸만 스며드는 불안한 마음을 어찌해 볼 길이 없었다.

얼마나 걸었을까, 멀리 보이는 성문 안으로 마차가 다가오는 소리가 들렸다. 베르사유의 소식을 전하기 위해 페르네로 쉼 없이 달려왔을 그의 충직한 비서 와니에가 틀림없었다. 볼테르는 비서 와니에가 전해 줄 소식이 너무나 궁금해서 참을 수가 없었다. 하지만 천국과 지옥을 가를 결과가 그의 얼굴에서 읽히지 않아 답답하기만 했다. 그건 뒤따라오는 청년도 마찬가지일 것이었다. 볼테르에게 다가온 비서 와니에가 가쁜 숨을 고르며 입을 열었다.

"볼테르 선생님, 참으로 오래 기다리셨습니다."
"그 먼 길을 다녀오느라 고생이 많았네. 베르사유의 판결 소식이 궁금하네만."
"예, 베르사유에서 칼라스 사건에 관한 참사회의 최종 심판이 내려졌습니다."
"그래, 우리가 기대하던 결과였으면 좋겠네."

볼테르가 와니에와 만나는 모습을 멀리서 보고 있던 청년이 달려왔다.

"자, 와니에, 베르사유의 결정을 천천히 그리고 명확히 전해 주시게."

와니에는 볼테르의 요구대로 침착하게, 하지만 또박또박하고 명확하게 국왕참사회의 심판을 전했다. 와니에의 말이 끝나자 볼테르는 말없이 청년에게 다가가 그의 어깨를 어루만지고 또 어루만졌다. 볼테르의 손이 흔들렸고 도나의 어깨가 들썩였다. 기쁨, 아니 기쁨과 회한이 섞인 눈물을 흘리고 있었다. 볼테르는 두 팔을 벌려 페르네의 머나먼 서쪽, 파리에서 불어오는 바람을 맞았다. 따뜻했다. 그것은 승리의 미풍이었다.

3.

    1761년 10월 13일 저녁 7시경, 프랑스 남부 도시 툴루즈, 어느 번화한 동네에 자리한 이층집에 포목상인 장 칼라스와 그의 가족들이 저녁을 먹기 위해 한자리에 모여 앉았다. 그의 집은 툴루즈에서 가장 활발한 상업 거리인 필라티에 길 16번지의 주택으로, 1층은 포목점으로 사용했고, 가족들은 2층에서 생활했다.

    그날 저녁 식탁에는 칼라스와 그의 부인 안로즈, 장남 마르크앙투안, 차남 피에르, 하녀 잔이 둘러앉았다. 칼라스 부부는 두 명의 아들 말고도 셋째 아들 루이Louis, 막내아들 도나 그리고 두 명의 딸 나네트Nanette와 안Anne을 두었다. 개신교에서 가톨릭으로 개종한 루이는 개신교를 믿는 가족들을 거의 만나려 하지 않았으며, 막내 도나는 타 지역에서 일하고 있었고, 두 딸은 여행 중이었다.

    식사를 막 시작하려는 순간, 1층에서 누군가 문

을 두드렸다. 칼라스가 내려갔다.

"아, 라베스 군, 반갑네. 그런데 기별도 없이 어쩐 일인가?"
"예, 아저씨, 그간 별일 없으셨는지요?"

라베스는 큰아들 마르크앙투안의 친구였다. 부모님을 만나기 위해 툴루즈에 왔지만, 그들이 이미 여행을 떠난 것을 알게 된 라베스는 칼라스 가족에게 인사를 하고 다음 날 부모님이 계신 여행지로 떠날 예정이었다.
가족 간에 친분이 있는 라베스는 식사를 하고 가라는 칼라스의 권유를 흔쾌히 받아들이고 함께 2층으로 올라왔다. 식사를 끝내고 난 저녁 7시 반쯤일까, 사람들이 둘러앉아 담소를 나누는 사이, 마르크앙투안이 일어섰다. 하녀가 급히 일어나 그에게 춥냐고 물었고, 그는 너무 더워서 바람을 쐬고 싶다고 말한 뒤 아래층으로 내려갔다. 다른 사람들은 계속 이야기를 나누었고 시간이 한참 지난 뒤, 시계를 들여다본 라베스가 너무 늦었으니 이제 일어나야겠다며 옷을 집어 들었다. 그때가 밤 10시경이었고 칼라스와 차남 피에르가 그를 배웅하기 위해 함께 계단을 내려갔다.

칼라스의 부인과 하녀가 식탁을 치우려던 순간, 아래층에서 비명과 신음이 뒤섞인, 뭐라 형용할 수 없는 소리가 들렸다. 기묘한 소리에 놀라 감히 아래층으로 내려갈 엄두도 내지 못한 안로즈는 떨리는 목소리로 하녀 잔을 불렀다.

"잔, 아래층에서 무슨 일이 일어났는지 알아보고 오렴."

그런데 내려간 하녀가 좀체 올라오지 않았다. '도대체 무슨 일이 일어난 걸까? 왜 잔은 올라오지 않는 거지?' 초조함과 불안한 마음에 더 이상 기다릴 수 없었던 안로즈는 천천히 계단을 내려갔다. 거의 다 내려갔을까, 라베스가 그녀를 가로막았다.

"아주머니, 별일 아니니 다시 올라가 계세요. 제가 금방 따라 올라가겠습니다."

라베스가 애써 차분함을 유지하며 말했다. 하지만 그녀는 그의 얼굴에 담겨 있는 공포와 충격을 금방 읽어 낼 수 있었다. 안로즈는 떨리는 마음을 진정시키며 다시 2층으로 올라오긴 했으나 아래층의 일이 몹시 궁금하고 걱정스러워 도저히 방 안에 있을 수가 없었다. 그녀는 이내 다시 아래층으로 내려갔다. 난간을 잡은 손은 떨렸고, 다리의 힘이 빠져 자꾸만 계단을 헛디뎠다.

아래층으로 내려온 그녀는 인생에서 가장 충격적이고 슬픈 장면, 상상조차 하지 못할 비극을 목도하고 말았다. 차라리 라베스가 말한 대로 위층에 머물러 있어야 했다고, 그녀는 후회하고 자책했다. 라베스의 말을 듣지 않은 자신이 참으로 원망스러웠다. 사랑하는 큰아들이 바닥에 쓰러져 있지 않은가. 그녀는 소스라치게 놀라, 정신이 혼미해져 실신할 지경이었다. '마르크앙투안이 왜 여기 쓰러져 있는 거지? 넘어져서 잠시 정신을 잃은 거겠지?' 다급한 마음에 안로즈는 마시면 소생한다는 전설의 헝가리 생명수를 가져오라고 하녀에게 소리쳤다. 하녀가 서둘러 계단을 올라갔고, 안로즈는 마르크앙투안을 향해 달려갔다. 칼라스는 아내의 몸을 감싸안으며 라베스에게 의사를 불러오라고 말했다.

얼마나 지났을까, 의사가 도착했다. 자세히 살핀 후 마르크앙투안에게서 생명의 기운을 전혀 느끼지 못한 의사는 그가 사망했음을 가족들에게 알렸다. 실낱같은 희망으로 서로를 지탱하고 있던 가족들의 마음이 완전히 무너졌고 아들의 시신을 끌어안은 어머니의 애끓는 통곡이 집 안을 가득 채웠다.

4.

 비명과 울음이 짙은 어둠을 타고 집 밖으로 빠져나가고 있었다. 소리는 어둠이 내려앉은 밤에 더 빠르고 더 또렷한 움직임으로 퍼져 나가기 마련이다. 동네 사람들이 칼라스의 집으로 몰려들었고, 그 수가 점점 늘어 갔다. 모여든 군중 사이로 경찰과 의사의 얼굴이 보였다. 그들의 뒤에서 한 남자가 사건 현장으로 걸어 들어왔다. 툴루즈시 행정관 보드리그 David de Beaudrigue 였다. 행정관은 경찰을 향해 군중의 진입을 막을 것을 명령한 뒤, 사망한 청년 옆에 머물러 있던 의사에게 시신을 좀 더 자세히 살펴볼 것을 주문했다. 그는 마치 진실을 알고 있는 듯한 눈빛으로, 누워 있는 마르크앙투안을 바라보았다.
 보드리그의 주문에 따라 시신을 살펴보던 의사는 사망자의 목을 감싸고 있던 스카프에 주목했다. 급하게 스카프를 벗기자 목에 새겨진 선명한 밧줄 자국이 눈에 들어왔다. 의사는 사인과 관련해 자연

사나 사고사는 아닐 것이라고 행정관에게 보고했다. 그렇다면 남자는 스스로 목숨을 끊었거나 누군가에 의해 죽임을 당했을 터였다. 전문가적 판단에 근거해 보드리그는 시신을 시청으로 이송한 후 더 자세히 조사해 보기로 결정했다.

보드리그는 현장에서 초동수사를 시작했다. 그는 현장을 최초로 목격한 사람이 누구인지 물었다. 칼라스와 아들 피에르가 자신들이라고 답하자 행정관이 아버지와 동생에게 상황 설명을 요구했다. 두 사람은 자신들이 도착했을 때 마르크앙투안이 바닥에 누워 있었다고 진술했다. 이 목격자들의 진술을 바탕으로 보드리그와 경찰과 의사는 사인에 대한 여러 가능성을 놓고 대화를 시작했다.

"목에 선명한 밧줄 자국이 생겼는데, 그렇다면 사망자가 스스로 목을 매 죽었거나, 누군가에게 교살된 것으로 봐야 하지 않을까요?"

"그런데 마르크앙투안의 주머니에 있던 돈이 사라졌답니다. 그렇다면 누군가 들어와서 돈을 뺏으려고 하면서 마르크앙투안과 몸싸움을 벌였을 수도 있지요. 그 과정에서 살해됐을지도요. 그가 자살한 것처럼 강도가 꾸민 것은 아닐까요? 바깥으로 나가는 문이 열려 있었다는 아버지의 진술을 생각해 봐야 할 것 같습니다."

"사망자가 평소에 도박을 좋아했다는군요. 도박장에 들락거리면서 많은 빚을 져 좌절한 뒤 스스로 목숨을 끊은 것은 아닐까요?"

사인을 둘러싼 여러 추측이 오가는 사이, 칼라스의 집 주변으로 점점 더 많은 사람들이 모여들고 있었다. 군중은 무슨 일이 일어났는지 서로 묻고 서로 대답했다. 웅성대던 그 무리에는 어른이 있었고 아이가 있었다. 남자가 있었고 여자가 있었다. 백인이 있었고 유색인이 있었다. 그들의 목소리가 뒤섞여 들려왔다.

"범인은 분명 내부에 있을 거야."
"아버지가 아들을 교살했을지도 몰라."

군중심리에 휩싸인 사람들이 이 마지막 주장을 듣고 동요하기 시작했다. 비속 살인이라는 패륜은 상상하기는 힘들지만, 그 자체로 너무나 자극적인 이야기가 아닌가. 반인륜적인 사건은 그만큼 사람들의 호기심을 극단으로 치닫게 한다. 뒤이어 이 엽기적인 주장을 뒷받침할 근거 없는 추측들이 여기저기서 들려왔다. 주장들이 모여 추론이 되었고 추론들이 반복되면서 진실로 변하고 있었다.

"죽은 청년이 큰아들 마르크앙투안이랍니다. 아버지의 사업을 거들며 조용하고 소박하고 바르게 살던 청년이었잖아요. 그런데 그 친구가 다음 날 개신교에서 가톨릭으로 개종하려고 했대요."

"칼라스 씨 가족은 모두 개신교도들이잖아요."

"그런데 그거 아세요? 루이가 가톨릭으로 개종한 뒤로 부모님이 그 아들을 너무 미워해서 아예 가족 관계를 끊었다고 해요. 어떻게 그럴 수가 있을까요……. 잔인한 사람들 같으니라고!"

"사건이 일어나기 전 초저녁에 보르도에서 라베스라는 개신교도가 왔다지요. 마르크앙투안의 친구라는데, 아 글쎄 그 청년이, 가톨릭으로 개종하기로 마음먹은 마르크앙투안을 살해하려고 보르도의 개신교 협회가 선발해 보낸 사람이라는 거예요. 물론, 확실한 얘기는 아닙니다만."

"그럼, 얘기는 명확하네요. 아들이 개종하는 걸 싫어한 칼라스 씨가 주도해서 마르크앙투안을 목매달아 죽인 뒤 자살이나 정체불명의 누군가에게 죽임을 당한 것으로 몰아간 사건 아닙니까?"

"개신교도들이 잔인하다고는 들었습니다만, 어떻게 그런 반인륜적인 일을 벌일 수 있을까요!"

어디서 시작됐는지 모를, 그렇기 때문에 무책임할 수밖에 없는 주장들과 추론들이 연기처럼 끝없이 퍼져 사람들 사이로 스며들고 있었다. 근거가 박약한 그 상상적 추론들이 한데 모여 있는 군중 무리를 휘감아 돌며 빠르게 퍼져 나갔다. 익명의 정보를 나누어 가진 무리는 집단적 확신도 공유했다. 이제 마르크앙투안의 죽음은 종교적 적대가 만든 가족적 비극이 되었고, 살아남은 가족도 마땅히 수사와 재판을 받아야 한다는 여론이 점점 비등해졌다.

현장을 조사한 공권력인 경찰과 행정관은 분명 군중의 반대편에 서 있어야 했다. 그들은 냉철한 이성과 합리성으로 무장하고 여러 가능성을 정교하고 정밀하게 추적해야 했다. 그것이 바로 당대 계몽의 정신이었기 때문이다. 그러나 의심과 회의를 통해 진리를 발견한다는 계몽의 시대정신은 툴루즈를 감싸고 있던 가톨릭의 두터운 종교적 편견의 벽을 넘어서지 못했다. 그들은 모여 있던 군중의 종교적 확신과 적대 감정에 빠르게 감염되어, 격정에 휩싸인 무리의 일부가 되어 갔다. 공무원들조차 익명성에 기댄 다수의 무책임한 주장에 오염되어, 비속 살인에 무게를 두는 쪽으로 수사 방향이 흐르고 있었다.

현장 조사를 마치고 돌아갔던 행정관이 이틀 뒤 경찰을 대동하고 칼라스의 집을 다시 찾아왔다. 보드리그에게 문을 열어 준 칼라스는 그의 눈빛과 표정 속에서, 그의 방문이 추가 조사만을 위한 것이 아님을 짐작했다. 행정관은 사건 당일 현장 조사에서는 몰랐던 사실들을 알게 되었다. 사건 현장의 최초 목격자는 칼라스와 피에르만이 아니었고 라베스라는 청년도 그 자리에 있었다는 것, 사건이 있던 날 그가 보르도에서 칼라스를 만나러 왔다는 것, 부모님이 타지로 여행을 떠난지도 모르고 툴루즈에 왔다는 사실이 그에게는 어딘가 부자연스러웠다. 행정관은 그를 불렀고, 세 사람을 다시 조사했다. 보드리그는 마르크앙투안의 죽음을 목격한 초기 상황에 대한 설명을 요구했고 칼라스는 다음과 같이 말했다.

"라베스 군이 우리 집을 떠나려 하자 제 둘째 아들이 등불을 들고 따라 나가 그를 배웅했습니다. 그들은 길로 이어지는 작은 통로에 서 있다가 무심코 고개를 돌리는 순간 현장을 목격했답니다. 저는 제 아들이 울부짖으며 저를 부르는 소리를 듣고는 놀라 서둘러 계단을 내려갔습니다."

진술하던 칼라스는 이틀 전의 비극적인 상황이 다시 떠올랐는지 말을 잇지 못했다. 그는 잠시 한숨을 쉬며 마음을 가다듬은 뒤 진술을 이어 나갔다.

"아래층으로 내려갔을 때 아들이 다시 제게 소리쳤습니다. 형이 목을 매달았다고요. 저는 곧바로 현장으로 달려갔고, 가게와 창고 사이 보에 목을 맨 마르크앙투안을 발견했습니다. 저는 아들의 몸을 바닥에 내려놓으려 했습니다. 얼마나 정신이 없었는지 말로 표현할 수가 없습니다. 그 과정에서 저와 아들 그리고 라베스 군 중 누가 밧줄을 끊었는지는 기억이 나지 않습니다. 아들을 바닥에 누이고 목에 감겨 있던 밧줄을 풀었던 것 같습니다. 곧 제 아내가 내려왔고, 아들의 얼굴에 '영혼의 물'이라고 부르는 헝가리 생명수를 뿌렸습니다. 아들이 아직 죽지 않았다고 믿었던 듯합니다. 그리고 의사가 달려왔고요, 아들을 검사하더니 사망으로 진단했습니다."

칼라스의 진술을 들은 보드리그는 그의 최초 진술과 두 번째 진술이 다르다는 점에 주목했다. 사망한 날 조사에서 최초 목격자가 누구냐고 물었을 때, 칼라스는 자신과 아들이라고 말했었다. 그가 라베스를 언급하지 않았던 것도 그냥 넘기기 어려운 사안이지만, 더 중요한 문제는 그날 자신이 현장에 도착했을 때 이미 아들이 바닥에 누워 있었다고 말했다는 점이다. 보드리그의 얼굴에 야릇한 미소가 떠올랐다. '그가 아들의 몸을 들어 밧줄을 끊고 바닥에 누였다는 주장은 사건 당일에 했던 진술과 너무나 다르지 않은가? 진술이 달라졌다는 것은 무엇을 뜻하는가? 혹시 무엇인가 숨기고 있는 것은 아닌가? 그는 왜 그날 라베스를 최초 목격자로 지목하지 않았을까?'

    보드리그의 마음에 강한 의심이 피어오르기 시작했다. 그는 이틀 전 칼라스의 집 앞에 모여 있던 이웃들의 주장을 다시 떠올리면서 중얼거렸다. '이웃이야말로 칼라스 가족의 사정을 잘 알고 있는 사람들이 아닐까? 그렇다면 그들의 주장이 전혀 근거가 없다고 말할 수 있을까?' 일관성 없는 칼라스의 증언과, 당시 이웃들이 나누던 이야기를 떠올리면서 보드리그는 칼라스와 그의 가족들 그리고 라베스와 하녀가 피의자라는 심증을 굳혀 가고 있었다. 그리하여 그는 사건이 일어난 장소를 일찌감치 범죄 현장으로 명명하고 있었다.

5.

　여론의 광기에 사로잡힌 행정관 보드리그는 자신의 주관적 확신 속에서 가장 비현실적인 시나리오를 물고 늘어지려 했다. 수사권과 기소권을 함께 갖고 있던 행정관은 명확한 증거도 없이 그들을 체포해 구금해 버렸다. 보드리그의 손에 두 사법적 권한이 놓여 있었기에, 사건은 객관적이고 엄밀한 수사 여부와 무관하게 사법적 심판 대상이 될 운명이었다.

　보드리그는 사건을 교살과 자살, 두 경우로 나누고 각각의 가능성을 조사해 두 개의 문서를 만들어 툴루즈의 모든 가톨릭교회에 보냈다. 그는 신도들에게 3주 동안 서류를 검토해 줄 것을 주문했다. 그 문서에는 마르크앙투안이 개신교에서 가톨릭으로 개종하려 했다는 정보가 포함되어 있었다. 개신교를 혐오하는 툴루즈의 가톨릭 신도들에게는 너무나도 예민하고 자극적인 정보가 아닐 수 없었다. 그것은 결국 보드리그의 목적에 부응하는 지역 여론을 만들고 이를 증언해 줄 사람들을 불러내기 위한, 공정하지 못한 전략이었다.

그러나 문서를 읽은 신도 가운데 현장을 목격한 사람은 아무도 없었으므로 누구도 증인으로 출두하려 하지 않았다. 자신의 의도가 통하지 않을 것으로 판단한 보드리그는 당시의 파문破門 제도로 신도들을 위협했다. 증인으로 출석하려 하지 않는 신도들을 종교 공동체에서 축출하는 제도인 파문은 증언자로 출석하도록 그들을 압박할 효과적인 수단이었다. 성직 임명권을 둘러싼 갈등 끝에 교황 그레고리오 7세가 신성로마제국 황제 하인리히 4세를 자신의 발아래 무릎 꿇게 한 일명 1077년 카노사의 굴욕도 파문 제도 때문에 가능했다. 또한 1517년에 발발한 신성로마제국의 종교개혁에서 교황 레오 10세가 신학자 루터Martin Luther를 위협한 수단도 파문 제도였다. 그만큼 기독교 공동체에서 파문이란 가장 강력한 징벌 제도였다. 종교적 파문을 당한 가톨릭 신자가 '가톨릭의 도시' 툴루즈에서 살기란 불가능한 일이었다. 결국, 파문이 초래할 사회적 충격을 피하기 위해 적지 않은 사람들이 증언대 위에 서야 했다. 그럴 경우 칼라스와 그의 가족들에게 불리한 증언들이 쌓일 공산이 컸다. 왜냐하면 마르크앙투안이 자신들과 같은 가톨릭교도가 되고 싶어 했다는 이유로 죽임을 당했을지도 모른다는 소문이 이미 파다했기 때문이다.

그사이 마르크앙투안의 시신이 석회 가루에 덮여 장례를 기다리고 있었다. 증언자들의 진술과 그것들을 정리하는 행정적 절차가 예상보다 길어지자 보드리그는 마르크앙투안의 장례식을 승인하는 행정명령을 내렸다. 1761년 11월 8일 장례식이 진행되었다. 예배당 안 제단 앞에 마르크앙투안의 관이 놓였다. 관 앞에는 흰옷의 참회자 형제단* 소속 수도자들이 일렬로 섰고, 40명의 사제가 그 관을 둘러싸고 있었다. 관은 일체의 종교적 오염으로부터 보호되어야 하는 성물처럼 보였다. 관 위에는 마르크앙투안을 닮은 형상이 놓여 있었는데, 한 손에는 순교자를 상징하는 종려나무 가지가, 다른 한 손에는 '이교도로 인한 개종 포기'라는 글이 적힌 판이 들려 있었다. 그렇게 그가 가톨릭 순교자가 되고 있는 동안,

---

* 1571년 3월에 창설된 툴루즈의 흰옷의 참회자 형제단Confrère des penitents blancs은 아시시의 프란체스코 성인의 뜻대로 살아갈 것을 고백하고, 자선과 기도를 통해 참회와 믿음의 실천을 수행하는 속인 가톨릭 수도자들의 단체다.

그의 가족들은 순교자를 처형한 사탄이 될 운명이었다.

구금된 다섯 명의 피의자가 법정으로 소환되었다. 1761년 11월 18일에 첫 재판이 열렸다. 칼라스는 자신의 무죄를 주장했다. 하지만 행정관 여덟 명 가운데 누구도 그의 목소리에 고개를 끄덕이지 않았다. 공개된 법정에서 자신의 무고를 증명하는 일도 쉽지 않을뿐더러, 이미 현장 상황과 관련해 모순된 진술을 한 바 있기 때문이다. 그 점은 보드리그가 가장 심각하게 생각하고 있던 사안이었으므로 더욱 불리할 수밖에 없었다. 보드리그의 종교적 압박에 굴복해야 했던 증인들의 발언이 이어지면서 원고의 논리가 한층 더 설득력을 얻어 가고 있었다. 검사는 중형을 구형했다. 칼라스, 부인, 그리고 피에르에게는 교수형과 화형을, 라베스에게는 갤리선에서의 종신 노동형을, 하녀 잔에게는 5년 징역형을 구형했다. 구형대로 선고가 이루어졌다.

칼라스와 네 명의 피고인들은 아연실색했다. 상상할 수조차 없는 최악의 판결이었기 때문이다. 종교적 광신에 사로잡힌 여론이 안개처럼 도시를 휘감고 있었고, 상황이 그들에게 전혀 우호적이지 않았으므로 그들은 이런 결과를 예측해야 했을지도 모른다. 피고인들은 인간적 양심을 걸고 자신들의 무죄를 눈물로 호소했다. 그러나 반대편의 증언자들은 신의 이름으로 진실을 말한다고 했다. 피고인들은 자신들의 호소가 통할 것으로 생각했지만, 그건 착각이었다. 어느 누구도 양심의 소리를 들으려 하지 않았다. 설령 그 소리에 귀 기울이려는 사람들이 있었다 하더라도, 편견과 광신에 사로잡힌 툴루즈의 사법 세계가 그들을 받아들일 것을 상상하기는 힘들었다.

하지만 그들은 자신들이 범죄를 저지르지 않았다는 사실을 입증할 수 있다는 믿음을 접지 않았고, 곧장 툴루즈 고등법원에 항소했다. 13명의 판사로 구성된 항소심이 열렸다. 추가로 40명이 증언대에 섰다. 피고인들은 증인들의 선한 마음에 기대를 걸었지만, 이번에도 대부분의 증언은 그들에게 불리한 내용이었다. 그러나 앞서 이야기한 것처럼, 증언자 가운데 사건을 직접 목격한 사람은 아무도 없었다. '자연의 보편적 목소리'*에 귀를 닫은 채 그들은 오로지 자기들이 믿고 있는 신앙의 도그마에 사로

---

* 신법이 아니라 인간의 양심에 존재하는 보편적 명령과 규범을 중시했던 시대, 말하자면 홉스나 로크 등 계몽사상가들이 이야기한 그 자연법을 중시했던 당시 시대상을 반영한 표현이다.

잡혀 있었다. 그들은 '바보들의 배'*를 타고 강을 가로질러 도시를 떠나야 했던 르네상스의 광인이 될 수는 없었다.

13명의 항소심 재판관은 반반으로 갈라져 있었다. 일곱 명은 피고인들의 주장을 좀 더 면밀하게 들어야 한다는 입장이었고, 여섯 명은 거열형과 화형을 거론하면서 피고인들의 범죄를 확신하고 있었다. 재판부의 논쟁이 길어질 수밖에 없었는데, 칼라스의 무죄를 강력하게 변호해 온 판사와 정반대 편에 서 있던 판사 사이에 인신공격적 발언들이 오가면서 적대적 감정이 뒤섞인 논쟁이 이어졌다. 칼라스의 유죄를 확신한 판사가 상대 판사를 향해 "당신도 칼라스와 다름없다."라고 말하자, 칼라스의 무죄를 주장하는 판사는 "당신도 군중과 마찬가지다."라고 대응했다. 이런 상황을 보면, 항소심이 칼라스 가족에게 유리하게 흘러가고 있는 것처럼 보이기도 했

---

*   광기와 광인에 대한 서구적 인식의 역사를 다룬 푸코Michel Foucault의 책 『광기와 정신착란』에 언급된 네덜란드 화가 보스Hieronymus Bosch의 그림 제목이다. 푸코는 이 회화를 통해, 르네상스 시기, 정상적인 사람들과의 공존을 거부당해 다른 곳으로 떠나야 했던 광인들의 숙명을 이야기하려 했다.

다. 하지만 선한 운명은 그들을 외면했다. 1762년 3월 9일, 8대 5로 피고인들의 유죄가 확정되었다. 재판부는 비속 살인죄를 물어 칼라스에게 공개 수레바퀴 형을 선고하고, 형을 집행하기 전에 죄의 고백과 속죄를 위한 심문과 고문을 진행하도록 주문했다. 나머지 피고인들에 대한 선고는 칼라스의 처형 이후로 연기되었다.

6.

　칼라스의 처형은 선고 다음 날인 1762년 3월 10일에 곧바로 집행되었다. 파리를 비롯해 전국에서 프랑스 개신교도, 즉 위그노를 가톨릭교도가 잔인하게 학살한 성 바돌로매 Saint Barthélemy 대학살 200주기가 가까워지고 있었다. 1572년 8월 24일, 개신교도의 피가 흘러 센강은 붉게 물들었고 파리는 피의 도시가 되었다. 바돌로매 성인 축일이 성 바돌로매 대학살의 날이 된 것이다. 살육이 있기 전날, 프랑스 왕국 샤를 9세의 여동생 마르그리트와 나바라 왕국의 군주 앙리*의 결혼식이 열렸다. 가톨릭교도

---

* 　앙리 4세(1553-1610): 어머니의 죽음으로 인해 나바라왕국의 헨리케 3세로 즉위한 뒤, 프랑스 왕국과 나바라왕국 사이 종교적 갈등 해소를 명분으로 프랑스 왕국의 공주 마르그리트와 혼인했다. 앙리 3세의 갑작스러운 죽음으로 프랑스

마르그리트와 개신교도 앙리의 혼인은 복잡한 정치적 전략의 결과물이었다. 두 종교 사이의 화해를 기대함 직했지만 실제 사정은 정반대였다. 프랑스 가톨릭은 결혼식을 이용해, 행사에 참여할 프랑스의 위그노와 나바라의 개신교도를 살육한다는 계획을 세웠다. 그 결과 가톨릭에 의한 대규모 학살이 자행되었고, 종교적 광란이 지방으로 확산되었다. 로마 교황청은 이 반인륜적 사건에 가담한 이들에게 신의 이름으로 축복을 내렸다. 가톨릭의 도시 툴루즈도 그 사건을 축하하고 기념하는 행사를 매년 개최하며 그 광신에 동참했다. 그러한 중대한 시간이 다가오는 시기에 치러질 '살인자 이교도'의 처형은 그 자체로 툴루즈 가톨릭교도들을 종교적 광분 상태로 몰고 갈 시기적절한 이벤트가 아닐 수 없었다.

칼라스는 고문실로 끌려갔다. 고문이 시작되기 전, 행정관 보드리그가 칼라스에게 다가와 심문을 진행했다.

왕국의 군주 앙리 4세로 즉위했다. 낭트칙령 선포를 필두로, 가톨릭과 개신교의 종교적 갈등을 해결하는 데 많은 노력을 기울였다.

"칼라스 씨, 진실을 말해야 할 마지막 시간입니다. 추가 공범이 있습니까?"

"공범도 없고, 살인도 저지르지 않았습니다."

"칼라스 씨, 당신의 진술이 일관되지 못하다는 걸 당신도 잘 알고 있지 않습니까. 이웃들도 한목소리로 증언하고 있고요. 아드님이 가톨릭으로 개종하고 싶었는데 당신 부부가 반대했다고요. 그건 이미 개종한 뒤 가족과 인연을 끊은 다른 아들의 사정으로 명확히 드러난 사실 아닙니까. 우리 이 프랑스에서 가톨릭과 개신교의 사이가 그리 좋지 않다는 걸 저도 잘 압니다. 하지만 그렇다고 종교적으로 다른 길을 가려는 아들을 미워하고 급기야 죽음으로 몰아가다니요. 게다가 당신은 그런 반인륜적 행위를 저지르고도 반성하지 않았어요. 이제 마지막 기회를 드립니다. 모든 죄를 고백하고 하나님의 심판을 받으시오. 그러지 않으면 당신은 영원히 지옥 불에 떨어지는 고통을 당할 겁니다. 성서가 그렇게 말하고 있지 않습니까."

보드리그는 긴 설득과 압박에도 자백을 받아 내지 못했다. 이제 자백을 끌어내기 위한 고문이 시작될 것이다. 팔다리를 강제로 늘리는 고통스러운 고문에서 시작해 억지로 입을 열어 끝없이 물을 들이 붓는 고문으로 이어졌다. 하지만 칼라스는 죄를 실토하지 않았다. 그럴 수 없었다. 자식을 살해한 부모로 죽을 수는 없는 일이었다.

극심한 고문을 견뎌 내고 있던 칼라스가 생조르주 광장에 설치된 공개 처형장으로 끌려 나와 손과 발이 묶인 채 커다란 수레바퀴 위에 포박됐다. 사형 집행관이 그에게 다가왔다. 사형 도구를 들고 있는 그를 보자 칼라스의 얼굴이 공포와 두려움으로 일그러졌다. 그가 자신의 몸에 어떤 방식으로 고통을 가할지 이미 알고 있었다. 칼라스는 툴루즈에서 종종 벌어지곤 했던, 그리고 자신이 받게 될 종교적 처형 장면을 본 적이 있었다. 이제 사형 집행관이 강철 막대로 그의 몸을 여러 차례 내리쳐 뼈를 부러뜨리기 시작했다. 칼라스에게 상상을 초월하는 고통이 몰아쳤다. 그 광경을 무표정하게 지켜보던 보드리그는 불행하기 그지없는 영혼에게 재차 물었다.

"칼라스 씨, 아들을 죽인 사람이 당신이라는 사실을 자백합니까? 구원받으려면 진실을 말해야 합니다."

"아닙니다. 저는 아들을 죽이지 않았습니다. 저는 무고합니다."

칼라스는 자신의 의식이 점점 사라져 가고 있음을 느꼈다. 그는 무의식의 끝에서 의식이 간혹 되살아날 때마다 자신이 어떻게 이 엄청난 고통을 견디고 있는지 의심스러웠다. 하지만 그는 간헐적 의식을 통해서나마 깨닫고 있었다. '내가 마르크앙투안을 죽였다고 자백한다면, 내 아내, 내 아들, 하녀, 그리고 라베스 군도 모두 살인을 저지른 공범이 되는 것 아닌가. 그렇게 되면 그들도 나처럼 고통과 치욕 속에서 죽어 가게 되겠지. 그것만큼은 절대 안 된다. 이 엄청난 불행은 나 하나로 끝나야 한다.'

의식이 점점 더 사그라져 가고 있었다. 무의식으로 빠르게 빨려 들어가는 칼라스는 군중의 광적인 비난과 욕설을 들으며 거의 두 시간가량 처형대 위에 누워 있었다. 집행관이 그에게 다가왔다. 칼라스는 산산조각 난 몸을 부여잡고 의식을 유지하려 온 힘을 다했다. 칼라스는 집행관에게 마지막 자비를 빌었다. 살려 달라는 자비가 아니라 빨리 죽여 달라는 애원이었다. 지독한 고통에서 벗어나고 싶은 마음뿐이었다. '자비로운' 집행관이 그에게 다가왔고, 무표정한 얼굴로 칼라스의 목을 졸랐다. 칼라스의 목숨이 끊어졌다. 하지만 처형은 아직 끝나지 않았다. 집행관에 의해 칼라스의 시신이 불에 타 연기 속으로 사라지고 말아야 종결될 것이었다.

당대의 이 엄청난 비극적 드라마는 이렇게 끝이 났다. 종교적 편견의 강고한 담장으로 둘러싸인 곳, 남부 도시 툴루즈는 그렇게 극단적인 악마적 열정으로 뜨거워져 갔다. 그리고 툴루즈에서 또다시 축제가 열렸다. 악마를 물리친 정의의 사도들이 신께 드리는 감사의 제사였다.

그렇다면 다른 사람들의 운명은 어떻게 되었을까? 칼라스의 부인은 친구와 함께 프랑스 남부의 몽토방Montauban으로 도피해 목숨을 이어 나갔고, 두 딸은 툴루즈의 수도원에 연금되었다. 피에르와 라베스는 가톨릭으로 개종했다. 살아남기 위한 굴욕적 결정이었다. 가톨릭으로 개종하지 않고는, 개신교도에 대한 혐오와 탄압, 학살이 자행되고 있고, 앞으로도 계속될 그 광란의 땅에서 살아가기 힘들었기 때문이다. 그 대가로 피에르는 추방령을 면제받아 툴루즈의 한 수도원에 머물 수 있었다. 이후 그는 자신의 막냇동생이 체류하고 있는 스위스로 떠났다.

7.

페르네에 다시 봄이 오고 있었다. 매년 느끼듯, 이 작은 도시에 스며드는 봄기운은 특이했다. 파리의 봄과는 달리 따뜻하기보다는 차가웠다. 파리의 3월이 봄의 따스함을 완연히 느낄 수 있는 시간이라면, 이곳의 3월은 겨울이 아직 떠나지 못한 채 배회하고 있는 계절이었다. 따스한 바람이 불어오는가 싶다가도 이내 차가운 바람으로 뒤바뀌어 버리곤 했다. 이런 자연의 변덕스러움 때문인지 페르네의 나뭇가지에 돋아나기 시작하는 싹들도 자기 생명을 틔우는 일에 부지런하지 못했다. 그렇지만 이 작은 동쪽 마을에는 파리에서 감지되는 특유의 기운과 냄새가 없었다. 이를테면 정치권력을 향한 끝없는 욕망, 더 많이 가진 자를 향한 한없는 질투, 선입견에 사로잡힌 비틀린 편견 같은 것들, 그런 것들은 페르네와는 거리가 멀었다. 그래서일까, 페르네의 3월은 찬바람을 머금고는 있었지만 자연의 빛깔은 도시보다 다채로웠고, 얼었던 땅을 밀어내고 나오는 풀들이 생명력을 느끼게 했다.

볼테르는 프랑스 동쪽, 지방 소도시의 숲속을 거닐고 있었다. 스위스의 제네바와 마주하고 있고 제네바 호수가 그리 멀지 않은 이 페르네에 정착한 때가 1758년이었으니 벌써 4년이 흐르고 있었다. 권력의 미움을 받아 밀려 도달한 곳이지만 프랑스의 군주로부터 멀어진 이곳에서 볼테르는 오히려 행복한 시간을 보내고 있었다. 더욱이 스위스 영토가 아니었기 때문에 굳이 이방인으로 살아갈 필요도 없는 곳이었다. 이 매력적인 장소에서 볼테르는 더할 나위 없는 여유와 기쁨을 느낄 수 있었다. 그는 이 도시에 장시간 머물며 그동안 구상하고 실천하고자 마음먹었던 문학과 철학에 관한 여러 실험을 해 오고 있었다.

숲을 빠져나왔다. 숲이 끝나는 곳에서 길이 시작되었고 그 길을 따라가면 자신의 이름을 딴 성을 만날 수 있었다. 얼마나 걸었을까, 성이 소박한 자태를 드러냈다. 볼테르는 성을 바라보았다. 완공된 지 얼마 안 된 이 성이 너무나도 마음에 들었다. 무엇보다도, 2층으로 이루어졌지만 사람을 압도하지 않는 아담한 규모가 좋았다. 하지만 이 성에 대해 볼테르가 애착을 느끼는 더 큰 이유는 다른 데 있었다. 이

곳이 광신으로부터 사람들을 구하고 세상을 해방하기 위한 지식 운동의 거점이 되리라 믿고 있었기 때문이다.

성 앞에 서서 볼테르는 잠시 눈을 감았다. 돌이켜 보면 근 70년의 삶은 그야말로 투옥과 방랑과 망명으로 점철되어 왔다. 남들은 그를 물질적 부유함과 지적 풍요로움, 대중적 인기를 안고 살아가는 예외적 인간이라고 부러워하겠지만, 질풍노도와 같은 자기 인생을 그것들이 온전히 상쇄해 주지는 못한다고 그는 생각했다. 파란만장했던 지난 삶들이 파노라마처럼 눈앞을 스쳐 지나가기 시작했다.

1694년 11월, 그러니까 그는 이른바 '세기말'에 태어난 아이였다. 태양왕의 위대함이 저물고 있는 시간, 가장 강력한 국가적 권위가 힘을 잃어 가고 있다는 사실이 느껴지는 시간, 하지만 아직 새로운 무언가가 모습을 드러내지는 못하고 있는 시간, 어두움과 밝음이 교차하는 그 과도기적 시간에 볼테르는 태어났다. 프랑스의 가장 위대한 계몽주의자가 되어 시대를 마주하고 그 모순을 혁파하며 살아야 했던 그의 삶은 어쩌면 그 점에서 피할 수 없는 운명이었을지도 모른다.

"프랑수아마리François-Marie Arouet, 우리 여기서

너의 멋진 앞날과 우리 집안의 아름다운 미래를 열어 보자꾸나. 너도 잘 알고 있겠지만 예수회가 어떤 곳이냐. 우리나라에서 가장 영향력 있는 사람들이 모여 있는 곳 아니겠느냐. 예수회가 만든 파리의 이 명문 '루이르그랑'Louis-le-Grand 학교에 입학했다는 건 프랑스의 특권계급이 될 수 있는 길로 들어섰다는 거란다. 이 학교에서 공부하게 된 건 정말 축복이구나, 아들아."

아버지인 프랑수아는 부와 명예를 추구한 야심가였다. 직물 사업으로 성공한 할아버지 덕분에 파리라는 찬란한 도시의 일원이 될 수 있었다. 일곱 형제 중 막내아들이었던 아버지는 거기에 만족하지 않았다. 더 뛰어나고, 더 화려하고, 더 영향력 있는 집안을 만들고 싶어 했던 아버지는 법학이 성공의 길로 보였다. 법률을 공부한 아버지에게 자신의 계급과 집안의 명예를 드높일 기회가 찾아왔다. 조세 업무를 담당할 법정이 궁정에 설립되어 관직이 매매되고 있었다. 봉급은 많지 않았지만 여러 특권을 누리고 있기에, 큰돈을 벌 기회가 있는 직업이라고 판단한 아버지는 주저 없이 재산을 팔아 그 자리를 얻었다. 아버지는 직위를 이용해 재산을 불리는 데 성공했다. 그 덕에 프랑수아마리는 파리에서 유복한 생활을 누릴 수 있었다. 아버지는 프랑수아마리가 능력 있는 법률가가 되어 남들이 부러워할 삶을 살아가기를 소망했다.

1711년, 루이르그랑 학교에서 지낸 지 어느덧 7년이 넘어서고 있었다. 그 시절, 프랑수아마리는 자신의 미래를 밝혀 줄 한 시인을 알게 되었다. 당대 최고의 시인 부알로*였다. 프랑수아마리는 그와 같은 위대한 시인이 되고 싶었다. '부알로와 같은 시인이 될 수 있을까? 그러려면 아버지의 뜻을 꺾어야 하는데, 내게 그런 용기가 있을까? 하지만 부알로도 시인이 되고 싶었지만 아버지의 뜻을 따라 법률학을 공부했고, 아버지가 돌아가시고 난 뒤에야 시에 전념할 수 있었어. 이런 그의 선택을 비겁하다고 말할 수 있을까?'

프랑수아마리는 졸업을 앞두고 자신의 미래에 대해 아버지와 상의해야 했다. 아버지가 반대할 것

---

* 니콜라 부알로(데프레오) Nicolas Boileau(-Despréaux) (1636~1711). 프랑스의 풍자 시인이자 문학비평가로, 상류사회에서 빠르게 문학적 유명세를 타기 시작하면서 루이 14세의 인정을 받아 왕실의 사료 편찬관이 되었다. 프랑스 고전주의 문학 이론을 집대성한 인물로 평가받고 있다.

을 충분히 예상할 수 있었기에 긴장하지 않을 수 없었다.

"아버지께서 바라는 꿈을 이룰 수 없을 것 같습니다……. 저는 시인이 되고 싶습니다."
"시인이라고? 가난뱅이로 살게 될 것이 불 보듯 뻔하지 않느냐? 시인이 되려고 지금까지 너와 내가 달려온 것이냐? 우리 집안의 지난 시절과 지금의 모습, 그리고 다가올 앞날을 생각해 보거라."

아버지의 얼굴이 붉어졌다. 그는 볼테르가 생각했던 것보다 더 실망하고 분노하고 있었다. 그는 어쩌면 자신의 삶 전체를 아들에게 걸고 있었는지도 몰랐다.

"예, 아버지, 저는 할아버지와 아버지께서 집안의 성공을 위해 얼마나 노력해 오셨는지 잘 알고 있습니다……."
"그렇다면 법과대학에 진학해 변호사의 길을 가거라. 그러려고 파리의 명문 학교에서 공부하지 않았느냐."
"……그러겠습니다. 아버지의 뜻대로 파리 법과대학에 입학하겠습니다."

아버지는 안도하며 기뻐했다. 하지만 프랑수아마리는 '유연한 고집쟁이'였다. 부알로처럼 그도 아버지와 타협했지만 사실은 전혀 다른 생각과 계산을 하고 있었다. 프랑수아마리는 파리 법과대학에 적을 두고는 문학의 세계로 빠져들었다. 대부 샤토뇌프*가 그 길의 안내자였다. 그는 '아들'을 혁명적인 문학 클럽으로 데려갔다. 그곳은 반신앙적이고 자유주의적이며 쾌락주의적인 시인들이 몰려드는 '불순한' 장소였다. 프랑수아마리를 낳아 준 부모가 소망한 길과 영혼의 부모가 인도한 길은 너무나도 달랐다. 결국 그는 영혼의 부모가 이끄는 대로 나아가고 있었다.

1715년 9월 1일, 가을의 문턱에서 프랑스 전역에 놀라운 소식이 전해졌다.

"프랑스 왕국의 위대한 군주 루이 14세가 서거하셨다. 군주여, 영원하소서!"**

---

*   프랑수아 드 샤토뇌프François de Châteauneuf(1650-1703): 프랑스의 문인이자 외교관으로, 고대 음악에 관한 조예가 깊었다. 외교관으로서보다는 자유롭고 재기 넘치는 영혼, 고상하고 학식이 풍부한 정신의 소유자로 유명했다.

왕의 서거 소식을 들은 20대 초반의 프랑수아마리는 슬프지 않았다. 아니, 기뻐서 거리에서 춤을 추었다. 훗날 자신이 명명한 '루이 14세의 시대'***는 참된 영웅의 시대가 아니었다. 왕은 일생을 프랑스를 위해 살다 갔지만, 그의 선택이 백성들의 소망과 부합했다고 말할 수는 없었다. 이미 그의 통치 후반부부터 태양왕을 비판하는 목소리들이 거침없이 쏟아져 나왔었다. 이제 베르사유의 새 주인은 그의 증손 루이 15세였다. 권력의 전환기에서 여론은 이렇게 질문하고 있었다. "어린 군주가 나라를 잘 다스릴 수 있을까? 70년이 넘도록 절대군주가 다스린 이 프랑스 왕국의 운명은 어찌 될 것인가?"

그건 프랑수아마리의 물음이기도 했다. 루이 14

** 영국의 정치사상가 칸토로비츠E. Kantorowicz는 전근대 시대 군주의 몸은 물리적 신체이자 정치적 신체, 즉 이중적 실체임을 밝히고 있는데, 그 점에서 군주의 사망 선언은, 비록 물리적 신체는 사라지지만 그의 정치적 신체는 영원히 살아 있을 것이라는 염원을 담고 있었다. E. Kantorowicz, *King's Two Body*, Princeton University Press, 1985.

*** 볼테르가 1751년에 출간한 저서의 제목(*Le Siècle de Louis XIV*)이다. 볼테르는 이 책에서 하나의 '역사적 시대'로서 루이 14세의 통치 시기를 국내 외 주요 사건사 중심으로 다루고 있다.

세의 죽음은 프랑스 왕국에는 빛이자 어둠이었다. 어린 군주를 대신해 그의 할아버지뻘인 오를레앙 필리프 2세가 권력의 대리자가 되었다. 그가 권력을 잡았다는 소식에 여론의 우려가 더 커졌다. 필리프 2세는 자신의 백부인 태양왕 루이 14세가 마음에 들지 않았다. 루이 14세 또한 자신이 죽으면 권력이 조카에게 집중될지 모른다는 우려가 컸다. 그런 연유로 권력 분산을 기획하고 있었고, 이를 문서로 남겼다. 하지만 조카는 백부의 유언장을 구겨 버리고 국가권력을 자기 손아귀에 틀어쥐고는 태양왕의 정책들을 거꾸로 되돌렸다. 파리 고등법원*의 힘이 부상하는 것을 용인했고, 이단으로 탄압받던 얀선주의Jansenism**를 해방했으며, 오스트리아와의 화

---

*   중세 프랑스의 군주 루이 9세가 왕실의 역할이 증대하고 사법의 기능이 복잡해지는 상황에 대처하기 위해 만든 제도다. 왕을 대신해 재판권을 행사하는 사법 기구의 기능을 수행한 파리 고등법원은 이후 법률을 토론하고 수정할 권한을 갖게 되면서 군주권에 맞설 사법적 권리를 보유할 수 있었다. '프롱드의 난'으로 트라우마를 겪은 루이 14세는 그 사태가 정부의 재정 정책에 대한 파리 고등법원의 반발에서 비롯된 것이라고 판단하면서 고등법원의 권한에 제약을 가하고자 했다.

해를 도모했다. 이런 반동 정책에 호응하듯 귀족과 여러 인사가 그의 주변으로 몰려들었다. 권력에 취한 섭정공은 그들과 함께 향락과 방탕에 젖어 들었다. 이처럼 여론의 우려는 허황된 것이 아니었다. 프랑수아마리도 그 여론에 동조했다. 그의 눈에 비친 대리 권력자는 화려한 왕실 생활에 사로잡혀 백성들의 삶을 돌보지 않는 악한이었다. 청년 볼테르는 이렇게 다짐하고 있었다. '부끄럽게도 내 미래에 대해서는 아버지와 타협했지만, 국가와 백성의 미래에 대해서는 결코 타협할 수 없다. 아버지를 속이면서까지 지켜 내고자 했던 문학을 나는 그렇게 사용해야 옳을 것이다. 나의 문학은 권력에는 매우 위험하리라.'

프랑수아마리는 그처럼 자신의 문학을 매우 날선 방식으로 사용하려 했다. 필리프 2세를 비판하는

** 네덜란드의 가톨릭 신학자 코르넬리스 얀선Cornelis Jansen(1585~1638)의 신학 교리에 그 기원을 두는 가톨릭 분파로서, 당대 프랑스 가톨릭의 헤게모니를 장악하고 있던 예수회에 적대하고 있었다. 얀선주의의 지지자 중에는 프랑스 절대왕정에 대한 반대자들이 적지 않았는데, 그러한 연유로 루이 14세의 정치적 탄압을 받아 왔다.

그의 풍자시들이 파리의 곳곳을 떠다녔다. 옥에 갇힌 사람들, 자유를 박탈당한 사람들, 굶주림에 고통스러워하는 군인들의 외침을 담은 시「나는 보았네」 J'ai vu가 여론의 입에 오르내렸다. 그 대가로 프랑수아마리는 권력의 미움을 샀고, 귀향을 떠나야 했다. 그는 이듬해에 돌아왔지만 파리도 필리프 2세도 변하지 않았다. 여론은 베르사유의 권력자에게 결코 호의적이지 않았다.

"오를레앙 공의 성적 문란함이 차마 눈을 뜨고 볼 수 없다 하네요. 자신의 백부가 죽기만을 바라 왔다고 하던데, 조카가 어리다고 무시하면서 권력을 자기 마음대로 휘두르고 있으니……."
"루이 14세가 전쟁을 많이 해서 우리를 힘들게 하긴 했지만 그래도 국가를 위해 권력을 사용하지 않았나요. 그런데 이 사람은…… 빨리 어린 루이 15세가 자라서 권력을 잡아야 할 텐데 말입니다."

여론을 등에 업은 프랑수아마리는 시를 통해 오를레앙 공의 성적 비도덕과 정치적 반도덕, 그리고 과도한 권력욕을 대놓고 공격했다. 그는 오이디푸스 신화를 비틀어 섭정공의 근친상간을 비판했다. 참을 수 없었던 필리프 2세는 프랑수아마리를 바스티유 감옥에 가두어 버렸다. 감옥은 저마다 사연 있는 사람들로 시끄러웠다.

"멀쩡한 청년이 어쩌다 감옥에 들어오셨는가? 뭐, 남의 집에 들어가 빵이라도 훔쳐 드셨는가? 아니면 남의 집 여자를 호기롭게 노리기라도 했는가? 얼굴을 봐선 그렇게 막돼먹은 청년 같지는 않구먼."
"왕을 비판하는 시를 써서 미움을 받았지요."
"문학 하는 청년이었구먼그래. 잘했소만, 거 조용히 사쇼. 우리 같은 백성들이 어떻게 권력을 이긴답니까. 그 문학, 배불리 먹는 데다 쓰시구려."

프랑수아마리는 자신의 문학을 깔보는 것 같아 기분이 좋지 않았다. 상대는 그의 기분을 눈치채고 말을 이어 갔다.

"젊은 양반, 기분을 상하게 했다면 미안하오. 문학적 재능이 있다고 생각하는 것 같은데, 그렇담 위대한 문학가가 되어 보쇼. 프랑스 최고의 시인이 된다면 그 누구라도, 설령 왕이라도 어찌 당신을 비판하고 감옥에 가둘 수 있겠소."

프랑수아마리는 감옥에서 답을 찾았다고 생각

했다. '그렇다. 권력을 비판하려면 그만큼 날카롭고 강대한 문학의 칼을 지녀야 한다.'

바스티유에서 보낸 근 2년의 세월 동안, 프랑수아마리는 위대한 문학가가 되기 위한 일에 모든 에너지를 쏟아부었다. 1718년 4월, 자유를 되찾은 24세의 청년 문학인은 본명 '프랑수아마리'를 버리고 '볼테르'Voltaire로 개명했다. 권력에 맞서 싸울 인류의 위대한 지식인, 찬란한 문인이 태어나는 순간이었다.

8.

볼테르로 살아가겠다고 마음먹은 순간, 그는 세상과 맞서 싸울 존재가 될 운명이었다. 그의 성 아루에가 뒤집혀 태어난 이름이 아닌가.*

1726년 5월 2일, 볼테르는 도버해협을 건너는 배의 갑판 위에 서 있었다. 배는 이제 곧 영국에 도착할 것이다. 바다를 바라보면서 볼테르는 귀향, 투옥에 이어 조국을 떠나야 하는 자신의 운명을 어루만졌다.

"프랑수아마리 선생 아니십니까?"

자신을 부르는 소리에 볼테르는 혼자만의 세계

---

* 자신의 성 아루에Arouet의 철자를 새롭게 조합한 이름으로 전해진다.

에서 깨어났다.

"예, 저를 아십니까?"

"바스티유 감옥에서 선생을 만나 뵌 적이 있습니다. 그때 제가 선생께 어찌하여 감옥에 들어오셨는지를 물었지요."

"알다마다요. 기분이 썩 좋지는 않았지만, 제게 진정한 문학인의 길을 알려 주신……"

"기억하고 계셨군요. 그런데 선생은 무슨 일로 이 배를 타고 계십니까? 여행객의 복장은 아니군요. 이번에도 권력의 눈 밖에 나서 쫓겨나는 불행의 주인공이신 건가요?"

"……감옥이 아니라 그나마 다행이지요. 권력이 저를 영국으로 추방하는 중입니다."

"아, 그렇다면 아직 위대한 문학인이 되는 데는 성공하지 못하셨군요. 농담입니다, 선생. 그런데 어쩌다가 이번에도 권력의 미움을 사셨는지요?"

볼테르는 갑판에 서서 자신의 이야기를 들려주었다.

"위대한 문학인이 되어야 비판도 할 수 있다는 말씀을 듣고는 2년 반 동안 감옥에서 작품을 집필하는 데 몰두했지요. 그렇게 「앙리아드」La Henriade라는 시와 「오이디푸스」Œdipe라는 희곡을 완성했습니다. 그런데 그 작품들이 큰 반향을 일으켰지요. 「오이디푸스」가 코메디 프랑세즈Comédie française*에서 상연되는 행운도 누렸습니다. 저는 대중적 인기를 얻기 시작했어요. 심지어 사람들이 저를 '살아 돌아온 라신'으로 비유하면서 극찬해 마지않았지요."

"그러셨군요. 대단한 성공이었던 거네요. 그렇다면 제가 선생께 좋은 영향을 준 셈인가요. 그런데 무슨 연유로 이처럼 저 이웃 나라로 추방을 당하십니까?"

"저는 바스티유에서 출옥한 뒤 이름을 볼테르로 바꾸었지요. 정말 완전히 새로운 인간으로 다시 태어나야 한다는 의지를 담고 싶었습니다. 아버지는 제가 법조인으로 살기를 원하셨지만 저는 그 길을 거부하고 문학의 길로 가고자 했습니다. 젊은 나이에 작가로 인기를 누리면서 저는 제 판단이 옳았음을 확신했습니다. 그러면서 과도한 자부심도 품게 되었지요. 그런데 그게 독이 되었던 것 같습니다.

---

* 프랑스 문화 예술의 발전을 위해 루이 14세가 내린 칙령을 근거로 1680년 8월에 수립된 왕실 극장.

너무 빠른 출세로 저는 세상 무서운 줄 몰랐지요. 한 만찬회에서 그 자리를 주최한 귀족과 말다툼을 벌였습니다. 제 이름을 가지고 장난을 친다는 생각에 불쾌한 기색을 감출 수 없더군요. 그 귀족은 자신에게 고개 숙이지 않는 제가 못마땅했던지 사람을 시켜 길에서 저를 폭행하고 바스티유에 집어넣었습니다."

"저런, 또다시 감옥에 들어가다니⋯⋯. 정말 끔찍한 경험이었겠네요."

"그랬죠. 사실 저는 무척 두려웠습니다. 고통 그 자체보다 그것이 다가올 거라는 사실을 알게 될 때 더 두려워지는 것 아니겠습니까. 어떠한 고통이 다가오게 될지를 미리 알고 있어서 더 그랬던 것 같았습니다. 저는 지푸라기라도 잡는 심정으로 영국으로의 망명을 간청했습니다. 그리 큰 기대를 하지는 않았습니다만, 당국이 저를 선처해 주는 기적이 일어났습니다. 망명 승인이 내려졌죠. 저는 나중에야 그 이유를 알았는데요, 당국은 저를 못마땅하게 생각한 그 귀족이 왕의 고해성사를 담당하는 신부의 사촌이라는 사실에 신경을 썼다고 합니다. 왕에 대한 비판 여론이 만들어지는 것이 달갑지 않았던 거지요."

"그래서 지금 이 배를 타고 프랑스를 떠나는 거

군요. 다행입니다. 저 섬나라에서 평생 지내는 불행이 그대에게 다가오지 않길 하늘에 기도합니다."

9.

바다 건너 새로운 땅, 영국에 도착했다. 낯설었지만 그 익숙하지 않음이 볼테르에게는 오히려 위안이 되었다. 익명의 존재로 살아간다는 것이 때로는 자신을 위한 보이지 않는 방어막이 될지도 모른다. 도버해협 너머 영국은 그야말로 정치적 새로움으로 넘쳐 나고 있었다. 구질서를 벗어나지 못한 프랑스와는 너무나도 달랐다. 이전 세기 정치적 격동기를 슬기롭게 빠져나온 영국에는 의회 민주주의가 만개했다. 보수와 진보로 결속한 두 정당(토리와 휘그)*이 여론의 지지를 위해 이념과 가치 경쟁을 벌

---

* 크롬웰의 공화정 해체 이후 수립된 복고 왕정이 군주 찰스 2세가 후사 없이 사망하면서 그의 동생 제임스 2세의 계승에 대한 찬성과 반대를 놓고 벌어진 논쟁에서 유래하는 토리The Tory(찬성 입장)와 휘그The Whig(반대 입장)는 명예혁명 이후 영국

이고 있었다. 정당들과 시민들이 근대 정치를 주도했고, 산업혁명이 그 뒤를 빠르게 따르면서 근대화가 약동하고 있었다. 모름지기 영국은 모든 희망과 가능성의 땅이었다. 2년 반을 머물면서 이방인 볼테르는 구태를 벗어난 사유와 지식의 세계를 적극적으로 보고 느끼고 섭취해 나갔다. 그리고 영국은 커피의 나라이기도 했다. 도시가 커피하우스로 넘쳐 나고 있었다.

"볼테르 선생님 아니세요?"

커피를 들고 창문을 바라보던 볼테르의 등 뒤에서 누군가 말을 걸었다. 조너선 스위프트Jonathan Swift였다. 영국에 체류하며 만난 명사 중 한 사람으로 『걸리버 여행기』Gulliver's Travels라는 책으로 넘치는 상상력과 풍자력을 보여 준 뛰어난 문인이었다.

"영국 생활은 만족하십니까?"
"하루하루 놀라고 있습니다. 프랑스에서는 불

정치가 내각제로 재편되면서 국가권력을 놓고 경쟁하는 근대 정당으로 탈바꿈했다.

가능한 경험, 사유, 지식이 여기서는 살아 숨 쉬고 있군요. 선생님의 소설도 그런 상상력의 놀라운 결과물인 것 같고요."

"하지만 잘 아시듯이 그러기까지 오랜 격동의 시간을 지나와야 했지요. 1642년 내전으로 왕을 교수형에 처했고, 공화정을 시도했지만 결국 실패했어요. 다시 왕정으로 돌아갔고, 근 반세기가 되어서야 정치적 안정을 맛볼 수 있었던 거지요."

"아마도 모든 혁명적 변화는 선생님께서 말씀하신 격랑을 피할 수 없어 보입니다. 저는 위대한 사상가들이 있었기에 지금의 영국도 존재할 수 있다고 생각합니다. 절대군주제를 넘어 새로운 국가와 권력을 상상한 홉스,* 로크,** 섀프츠베리***와 같

---

*   토머스 홉스Thomas Hobbes(1588~1679): 계약 국가론을 창시함으로써 근대국가 원리의 토대를 닦은 영국의 계몽주의 정치사상가.

** 존 로크John Locke(1632~1704): 홉스에 이어 자유주의 이념 위에서 계약 국가론을 정교화한 사상가로 미국 혁명에 큰 영향을 미쳤다.

*** 섀프츠베리Shaftesbury(1621~83): 제임스 2세의 왕위 계승을 강력히 반대한 세력의 지도자로서 휘그당의 창시자. 정치 공동체의 근대적 원리를 주창한 영국 계몽주의 정치사상가.

은 위대한 지성들이 있지 않았습니까. 물론 뉴턴*이라는 천재적인 자연과학자도 빼놓을 수 없지요."

"그렇습니다. 그 선구적 사상가들의 힘으로 지금의 영국이 있다고 말할 수 있지요. 그런데 저는 이 영국 정치에 더 큰 생명력을 불어넣고 싶은데 마음대로 되지 않네요."

"현실 정치만이 유일한 길은 아니지 않을까요? 문학과 언론의 혁명적 잠재력에 동의하실 것으로 생각합니다만……. 선생님의 소설은 이미 그러한 힘을 보여 주고 있지 않나요."

"음, 정치의 길로 접어들지 못한 사람의 변명 같지만, 문필 속에도 세상을 바꿀 힘이 있다는 것을 저 또한 의심하지 않습니다. 볼테르 선생님의 필력으로 프랑스에서도 새로운 세상이 열리겠지요. 도버 해협은 그리 넓지 않아요. 이곳의 진보적 기운이 바다를 따라 머지않아 프랑스에 다다르기를 기대해 마지않습니다."

---

* 아이작 뉴턴Isaac Newton(1643~1727): 영국의 수학자이자 물리학자로서 『자연철학의 수학적 원리』를 통해 코페르니쿠스 이후 근대 천문학과 역학을 체계화했다. 그의 지식 체계는 영국만이 아니라 유럽적 차원에서 광범위한 영향을 미쳤다.

"그렇게 되길 고대합니다. 하지만 입헌군주국 영국과 절대군주국 프랑스의 정치적 거리는 너무나 멉니다. 군주의 권력을 헌법으로 제한하고 있는 나라와 군주가 법 위에서 자의적으로 통치하는 나라. 저도 그러한 통치의 희생양이지요. 생피에르,* 왕세자의 교육을 담당했던 페늘롱** 같은 위대한 사상가들이 아무리 비판해도 프랑스의 왕은 꿈쩍도 하지 않았습니다. 지금도 그렇지요. 저는 우리에게 과연 미래가 있을까를 생각해 보곤 합니다."

"얼마 전까지 영국도 희망이 없었습니다. 선생님, 죄송합니다만 먼저 일어나겠습니다. 나중에 포프,*** 게이**** 같은 분들을 소개해 드리지요."

---

* 아베 드 생피에르 Abbé de Saint-Pierre(1658~1743): 프랑스 초기 계몽주의 지식인으로서 루이 14세의 정복 전쟁을 비판하고 유럽의 평화를 위한 제도 개혁안을 제시했다.

** 프랑수아 페늘롱 François Fénelon(1651~1715): 프랑스의 성직자이자 교육 철학자로, 루이 14세의 요청으로 왕세자의 교육을 담당했다. 『텔레마코스의 모험』, 『죽은 자들의 대화』 등을 통해 당대 권력을 비판하면서 권력의 새로운 비전을 제시했다.

*** 알렉산더 포프 Alexander Pope(1688~1744): 영국 신고전주의의 대표적 시인으로 사교계의 명사로 활동했다.

볼테르는 스위프트의 뒷모습을 바라보았다. 자신보다 스무 살 남짓 많지만 그의 모습과 생각은 젊었다. 프랑스에 없는 자유로운 공기를 한껏 들이켜고 있는 덕분이리라. 영국에서 새로운 세상을 보며 살아온 2년 반의 시간이 볼테르를 계몽하고 나아가 계몽사상가로 키워 냈다.

하지만 정부의 승인으로 프랑스로 돌아온 계몽의 사도에게는 더욱 파란만장한 드라마가 기다리고 있었다. 볼테르는 1734년 『철학편지』*Lettres philosophiques*를 출간했다. 한 해 전 영국에서 출간한 『영국에 관한 편지』*Letters Regarding the English Nation*의 프랑스어본이었다. 종교, 정치, 무역, 의학, 지식인, 예술, 철학 등 영국을 이해하는 데 필요한 주제들을 광범위하게 다룬 이 책은 영국에서는 환호를 받았지만, 프랑스에서는 정반대였다. 영국 정치가 더 우월하고 영국의 인권이 프랑스보다 훨씬 발전했다는 주장이 프랑스 정부는 못마땅했다. 책은 판매가 금지되고 분서焚書되었다.

**** 존 게이John Gay(1685~1732): 영국의 시인이자 극작가로 탁월한 문학적 재능에 힘입어 젊은 나이에 명성을 얻었다. 정부를 비판하는 풍자문학으로 영국 권력층의 경계 인물이었다.

'불온한 서적을 출간한 작가, 볼테르'. 이 같은 낙인이 찍힌 채 파리에 머물 수는 없었다. 그건 곧 도피의 삶을 다시 시작해야 한다는 의미였다. 그런 생활은 상상만으로도 괴로운 일이었지만 어쩔 수 없다면 받아들여야 했다. 영국에서의 망명이 외로움과 고독으로 점철된 것만은 아니라는 그의 낙관주의는 곧 현실이 된다.

그의 도피는 에밀Emile과의 행복한 연애로 보상되었다. 샤틀레 후작 부인marquise de Châtelet으로 불린, 엄청난 지적 열망을 지닌 에밀은 볼테르보다 열두 살 어렸지만 볼테르의 정신에 안식을 준 고귀한 영혼이었다.

"선생님, 자신이 믿고 있는 생각과 사상을 책으로 알리는 일이 왜 비판과 공격을 받아야 하는 걸까요? 저는 선생님께 연민과 존경의 마음을 드리고 싶습니다."

"프랑스는 여전히 그런 나라입니다. 자유, 그 놀라운 씨앗이 아직 이 땅에는 뿌려지지 않고 있지요."

"선생님, 정말 궁금해요. 정부가 탄압하는 당신의 사상이 대체 무엇인가요? 제게 가르쳐 주세요."

'볼테르는 권력으로부터 안전한 곳에 머물러야

한다.'고 에밀은 생각했다. 그녀는 파리에서 멀리 떨어진 소도시 시레Sirey의 성으로 그를 초대했다. 볼테르와 에밀의 충만한 삶과 사랑과 사유의 장소로. 에밀은 연민과 후원을 아끼지 않는 여인 그 이상이었다. 그녀는 행운을 안겨 주는 사람이기도 했다. 1744년 볼테르는 외무대신이 된 친구가 자신을 궁정의 역사편찬관으로 임명한 덕분에 죄를 사면받았고, 불온한 작가라는 주홍 글씨를 떼어 낼 수 있었다. 또한 군주 루이 15세의 곁에서 오페라를 작곡했다. 자신의 책을 불경스럽다고 태워 버리라고 한 인물, 그의 숨소리를 들으면서 문화 통치의 강력한 도구를 만들어 내는 위대한 신하가 되었다. 불행에 불행이 겹치는 것처럼, 행운에 행운이 따라왔다. 볼테르는 아카데미프랑세즈 회원으로 선출되었다. 볼테르 문학에 대한 공식적 인정이었다. 볼테르는 기뻤다. 아버지가 틀렸다는 또 한 번의 증명이기도 했다.

    그렇지만 그 충만하고 자랑스러운 나날들의 한 귀퉁이에서 불행이 싹트기 시작했다. 자신의 연인이자 학문적인 동료로, 영혼을 구원한 여인 에밀이 갑자기 죽었다. 볼테르는 깊은 슬픔에서 헤어 나오지 못했다.

    그리고 왕은 자신의 오페라를 흡족해하지 않았다. 결국 루이 15세는 자신을 버렸지만, 이웃 나라 프로이센의 프리드리히 2세*는 자신을 원했다. 볼테르의 문학을 찬미해 마지않는 계몽 군주는 1749년 그를 베를린으로 초청했다. 그는 관직을 내리고 재정을 지원하면서 볼테르에 대한 자신의 애정을 증명하고자 했다.

어느 날 둘은 자연과학에 대해 논쟁하고 있었다. 계몽을 신봉하던 두 사람은 언제나 새로운 지식에 목말라했다.

"전하, 뉴턴의 이론에 대해서라면 제가 옳다고 생각합니다."

"그럴까요? 과인은 과인의 생각이 맞는 것 같습니다."

"전하. 그럼 논문을 써서 제가 옳다는 걸 증명해 보이겠습니다."

"그러지 마시오. 그 논문이 출판되어 우리의 논쟁이 세상에 알려지는 건 그리 좋아 보이지 않아요."

---

* 프리드리히 2세(1712~86). 내외직으로는 뛰어난 외교력과 군사 능력을 통해 프로이센을 강대국의 반열에 올려놓았으며, 대내적으로는 종교적 관용 정책을 필두로 인간적 자애로움을 기반으로 하는 개화된 통치를 실천한 계몽 군주였다.

그러나 볼테르는 왕에게 등을 돌렸다. 그는 논문을 출판했고 왕은 격노했다. 프랑스의 지식인 또한 독일의 권력자에게 굴복하지 않았다.

"전하, 제게 내려 주신 궁내장관직을 사임하려 합니다."
"어찌 이렇게까지 하는가? 그대가 프로이센을 떠나는 것을 금하노라."

프로이센의 군주는 화가 나 강경하게 대응했지만 결국 마음을 바꾸었다. 볼테르는 프로이센을 떠나 프랑스로 돌아가기로 결심했다.

"볼테르의 입국을 불허하노라."

1754년 1월, 루이 15세가 귀국 금지를 명령했고 칙령이 국경에 도착했다. '속 좁은 군주'의 방해로 이러지도 저러지도 못하는 신세가 된 볼테르는 실존적 고민 앞에 서야 했다. 프랑스 국경을 전전하던 불행한 영혼에게 제네바는 희망의 땅이었다. 제네바 사람들은 소박했다. 볼테르는 자신처럼 프랑스어를 사용하는 그들에게 안정감을 느꼈다. 그런데 제네바는 연극 상연을 법률로 금지하고 있었다. 이미지를 우상으로 여긴 칼뱅*의 도시다웠다. 볼테르에게 연극은 삶 자체였으며, 따라서 포기할 수 없는 세계였다. '또 떠나야 하는가? 어디로 가야 하는가? 파리는 아직 금단의 땅이다.' 방랑과 유랑과 도피로 점철된 삶을 종결지을 땅을 만나야 했다.

---

*   장 칼뱅Jean Calvin(1509~64): 프랑스의 개신교 사상가로서, 가톨릭이 지배하고 있던 프랑스를 떠나 제네바로 들어가 종교개혁운동을 주도했다.

10.

　페르네에도 봄이 오고 있었다. 오감의 계절이 도시의 곳곳을 채우기 시작했다. 누군가는 새싹이 고개를 내미는 모습으로, 또 누군가는 향긋한 냄새로, 다른 누군가는 얼었던 강물 아래 녹아내리기 시작하는 시냇물의 소리로 저마다의 봄을 느낄 것이다. 볼테르의 봄은 먼저 눈으로 들어왔다. 볼테르는 창문을 활짝 열어젖혀 성을 감싸는 봄기운을 받아 안고는 아름다운 풍경 앞에서 스스로에게 질문했다. '아름다움이란 무엇인가? 우리는 무엇을 아름답다고 말하는가?' 일찍이 위대한 철학자 디드로가 『백과전서』의 「미의 기원」에서 답하려 한 질문이었다. 볼테르는 그 항목을 다시 읽어 보리라 마음먹었다. 당연한 것을 질문하며 합리적 답을 찾아가려는 정신을 우리는 계몽이라 부른다.

　눈을 감으니 코끝으로 느껴지는 봄꽃의 내음이 볼테르를 4년 전의 기억으로 데려갔다. 페르네, 파리에서 가장 멀리 떨어져 있으면서 제네바라는 매력적인 도시와 아주 가까운 곳이었다. 권력의 자장에서 벗어나 있지만 조국 프랑스의 영토이며, 아름다운 제네바 호수는 덤으로 받을 선물이었다. 볼테르는 다짐했다. 작은 이 마을에서 방랑과 망명과 도피의 삶을 끝내리라. 정주와 정착이 주는 안정감, 포근함, 여유, 행복을 느낄 자격이 있다고 그는 스스로를 위로했다. 페르네는 볼테르에게 구원의 땅이었다.

볼테르는 혼자 중얼거리며 성 2층의 도서관으로 올라갔다. '이 지식 창고는 위대하다고 말하지 않을 수 없다. 이웃 군주들과 학자들이 부러워하고 극찬해 마지않는 계몽의 거점 아닌가?' 6000여 권의 책으로 둘러싸여 있지만 오히려 해방감을 느끼는 역설을 그는 매일매일 느끼며 살고 있었다. 자신을 키워 낸 영국의 계몽주의 철학자들이 방문해 감탄을 금치 못한 것은 너무나도 역설적이었다.

"여기가 볼테르 선생님의 성인가요?"

비서 와니에가 고개를 들었다.

"그렇습니다만, 누구신지요?"

"저는 툴루즈에서 온 오디베르Dominique Audibert라고 합니다. 선생님을 뵐 수 있을까요?"

1762년 3월 22일, 페르네에 정착한 지 8년째 되는 봄날이었다. 볼테르는 이날 인생에서 또 한 번의 결정적 전환점을 만나게 된다. 와니에가 손님과 함께 도서관으로 올라왔다.

"선생님, 툴루즈에서 오디베르라는 분이 오셨는데요, 선생님을 뵙고 싶어 하십니다."
"그래, 반가운 손님이구먼. 들어오시도록 하게."

오디베르가 도서관으로 들어왔다. 엄청난 양의 책들에 짐짓 놀라며 그가 반갑게 인사했다.

"볼테르 선생님, 그간 잘 지내셨는지요?"
"예, 선생께서도 별일 없이 잘 지내시지요? 그런데 어쩐 일로 그 먼 데서 여기까지 오셨습니까?"

볼테르와 마주 서 있는 오디베르의 눈빛이 예사롭지 않았다. 뭔가 중요한 이야기를 하려는 것 같았다. 눈치를 챈 볼테르가 그를 도서관의 가장 깊숙하고 은밀한 방으로 안내했다. 중대한 결정을 앞두고 혼자 생각하곤 하는 공간이었다.

오디베르는 프랑스 남부를 주름잡는 부유한 상인 집안의 아들이었다. 그 또한 많은 돈을 벌고 있는 상인이었지만 문학에도 조예가 깊었으며, 서신을 통해 문학적 친분을 쌓아 온 볼테르의 벗이었다. 둘 사이에 꽤 오랜 시간 침묵이 흘렀다. 볼테르가 인내하며 기다리고 있었다. 마침내 그가 입술을 뗐다.

"선생님, 툴루즈에서 벌어진 한 사건을 들려 드리려 합니다. 장 칼라스라는 상인과 그의 가족에 얽힌 일입니다. 아주 무섭고 기이한 일이라서……."

오디베르는 볼테르가 얼마 전에 이미 들었던 이야기를 다시 들려주려고 했다. 우매한 프랑스 개신교도의 비속 살해 사건과 그것에 얽힌 재판 과정에 관한 이야기였다. 볼테르는 오디베르에게서 그 이야기를 다시 듣는 것이 귀찮았고 불편했다. 그가 방문하기 며칠 전, 디종Dijon에서 방문객 한 명이 볼테르를 찾아왔었다. 사건은 너무나도 기묘하면서 슬펐다. 칼라스가 그의 장남을 목매달아 죽였다고 했다. 개신교도인 그로서는 가톨릭으로 개종하고자 했던 아들이 못마땅했기 때문이란다. 그는 아들의 개종을 막기 위해 살인을 저지르고 그것을 자살로 은폐

했으며, 이 일에 부인, 아들, 아들 친구, 하녀가 가담했다고 했다.

　방문객은 사건의 전모를 들려주었다. 안타깝지만 어쩌란 말인가. 프랑스뿐만 아니라 유럽의 여기저기에서 그보다 더 심각하고 잔인하며 고통스러운 종교적 대결이 얼마나 많이 일어나는가! 그 사건에 대해 볼테르는 그렇게 생각했으며 프랑스 개신교, 즉 위그노에 대한 비난을 숨기지 않았다. 그는 디종의 방문객에게 보낸 편지에서 위그노에 대한 불쾌감을 드러내기도 했다.

　저는 우리가 그리 대단한 사람은 아니라고 봅니다. 그렇지만 위그노란 작자들은 우리에 비하자면 한층 더 가치 없는 인간이 아닐까 생각합니다. 게다가 그들은 연극에 대해 아무것도 모르면서 소리 높여 연극에 반대하는 사람들 아니겠습니까.

　가치 없음, 연극에 대한 무지, 반인륜성이 비논리적으로 뒤엉킨 발언이었다. 계몽을 숭상하는 지식인이라는 사람조차 이렇게 말하다니, 당대 프랑스에서 종교적 편견의 그늘이 얼마나 넓게 드리우고 있었는가를 상상하고도 남는다. 그 놀라운 편향과 왜곡에서 벗어나는 일, 그것은 한 개인의 일이기도 하고 시대의 소명이기도 했다. 페르네의 봄을 맞으며 볼테르를 찾아온 영혼의 친구 오디베르가 그 길을 인도하려 하고 있었다.

11.

　오디베르의 말이 이어질수록 볼테르의 정신이 점점 더 날카로워졌다. 방문객의 이야기가 끝났다. 디종의 손님이 전한 것과는 전혀 다른 이야기였다. 놀라움과 의심과 절망과 분노로 볼테르의 심장이 요동쳤다. '명백히 모든 범죄는 엄격한 사법적 조사를 마친 후에 증거를 근거로 판결 내려야 하는 것 아닌가? 피고인들의 살인을 증명해 줄 객관적인 증거가 전혀 없는 상태인데 어떻게 그와 같은 극단적 형벌, 한 가족의 삶을 파괴해 버리는 반인륜적 판결을 내릴 수 있단 말인가?' 디종의 손님을 만난 뒤라서 볼테르의 머리에는 종교적 적대에 따른 비극일지도 모른다는 생각이 사라지지 않고 있었다.

　"오디베르 씨, 제 생각이 틀렸을까요?"
　"조심스럽습니다만, 그 가능성을 배제할 수 없어 보입니다. 물론 종교적 편견에 편견을 더하면 안

되겠지만요."

"그렇다면, 그러한 가능성의 근거는 무엇인지요?"

오디베르는 사망한 마르크앙투안의 장례식이 가톨릭 순교자 의식으로 치러졌다는 사실에 주목했다. 물론 그것은 툴루즈 가톨릭교회의 결정이었다. 그런데 손님은 마르크앙투안이 가톨릭으로 개종하길 원했다는 어떠한 명백한 증거를 발견하거나 확보하지 못했다는 사실을 덧붙였다.

"물론 그가 평소 가톨릭 종교 행사에 종종 참여한 것은 사실입니다. 그렇지만 그건 그가 종교음악을 사랑했기 때문이었지 결코 가톨릭에 대한 깊은 신앙 때문은 아니었다고 하녀가 증언했다 합니다."

매우 중요한 추가적 정보 하나가 오디베르의 입에서 튀어나왔다.

"사건이 발생한 그날, 집 앞에 모여든 툴루즈 시민들이 칼라스 가족이 개신교도이고 아들이 가톨릭으로 개종하려 했다는 이야기를 서로 주고받았다고 합니다."

오디베르가 전한 간과할 수 없는 사건의 맥락을 들으며 볼테르는 툴루즈라는 도시의 역사적 전통을 떠올렸다. 툴루즈, 아주 오래전부터 가톨릭이 절대적 패권을 누려 온 도시였다. 그 역사의 시작은 12세기로 거슬러 올라간다. 당시 툴루즈 지역에는 카타리파라는 이단 종파가 부상하기 시작했다. 동유럽에 기원을 두고 있던 것으로 추정되는 카타리파는 12세기 초반부터 프랑스 남부로 확산해 나갔는데, 툴루즈가 그 거점이었다. 그들을 일소해야 한다는 종교적 명분으로 십자군이 일어났다. 군주 루이 8세는 툴루즈 지역 영주들의 보호 아래 교세를 키우고 있던 카타리파를 징벌하기로 결심했다. 1209년 왕은 십자군 결성을 명령했다. 카타리파 교도들이 신의 이름으로 무참히 학살되고 처형되었다. 이제 툴루즈는 가톨릭을 신앙의 정통으로 삼는 지역이 되었다. 그 가톨릭의 도시에 1530년대부터 외국 유학생이 늘어 감에 따라 개신교도의 유입 또한 증가하고 있었다. 툴루즈 가톨릭교도들의 위기의식이 감지되었다. 그들은 연맹을 만들어 개신교도의 세력화를 막아 내고자 했다. 다시 신을 향한 기도가 시작되었다. 툴루즈에 거주하는 개신교도를 살인하는 일이 자행되었고 종교재판이 빈번하게 열리면서 종교 탄압의 문이 열렸다.

툴루즈 가톨릭의 종교적 극단주의는 여기서 그치지 않았다. 1589년부터 열리기 시작한 종교 의례의 잔인함은 상상을 초월했다. 군주 앙리 3세는 수도 파리 안에서 개신교도의 공식 예배를 인정하는 등 종교적 화해를 위한 정치적 노력을 시도한 현군이었다. 그러나 수도사 자크 클레망Jacques Clément이 그를 살해했다. 툴루즈 가톨릭은 이 비극적인 날을 기쁨의 날로 제정해 매년 축제를 벌여 왔다. 그리고 툴루즈는 가톨릭과 개신교의 화해를 추진한 앙리 4세를 프랑스의 왕으로 받아들이려 하지 않았다. 그가 제정한 낭트칙령*의 정신도 거부했다. 툴루즈는 종교적 관용의 원칙을 끊임없이 위반해 왔다. 이 반개신교의 도시 툴루즈의 고등법원은 개신교도와 이교도를 대상으로 프랑스 전역에서도 가장 잔인한 종교 박해가 자행된 사법적 장소이자, 가톨릭 지배를 공고화하기 위한 가장 강력한 기관이었다. 그 점에서 그곳은 사법의 형식을 띤 종교적 기관이라고 해도

---

* 앙리 4세가 1598년 4월에 선포한, 프랑스 내에서 가톨릭만이 아니라 개신교도 종교의 자유를 누릴 수 있도록 한 칙령이다. 이 칙령으로 프랑스 개신교도는 파리를 제외한 다른 지역에서 자유롭게 예배를 볼 수 있게 되었다.

무방할 것이었다. 아마도 프랑스 전역에서 종교 박해가 가장 극단적으로 일어난 한 곳을 들라면 단연 툴루즈 고등법원이리라.

볼테르는 생각을 이어 나갔다. 사건을 가톨릭과 개신교의 대결로 몰아간 군중의 비합리적인 종교적 광기는 결코 우발적인 것이 아닐지도 모른다. 어쩌면 그것은 툴루즈라는 도시 역사의 필연적 결과물이 아닐까. 거기에 더해, 석연치 않은 죽음이라는 극단적 상황을 목도한 사람들의 마음에 통제하기 어려운 흥분, 공포, 분노와 같은 감정들이 만들어지고 분출되었을 수도 있다. 볼테르의 조심스러운 추론은 흥분한 사람들이 주도하는 여론 재판의 가능성으로 이어지고 있었다. 볼테르에게는 한 번 더 확인하고 싶은 사실이 있었다.

"2심 재판이 만장일치가 아니었다고 하셨죠?"
"그렇습니다. 전체 재판관 중 여덟 명만이 칼라스 씨와 가족들의 유죄에 찬성했습니다."

볼테르는 무겁고 심각한 어조로 이야기를 이어 나갔다.

"그렇다면 판결은 결코 합리적이라고 말할 수

없군요. 아니, 말도 안 되지요. 한 집안의 가장을 극형에 처하고, 그 가족들의 삶을 송두리째 빼앗아 버리는 사법적 결정이 정당성을 얻으려면 만장일치여야 하는 것 아닌가요? 전대미문의 범죄가 저질러졌다는 증거라면 모든 사람이 고개를 끄덕일 만큼 확실해야 하지 않나요? 압도적인 여론에 밀려 한 사람이 수레바퀴에 묶여 처형되었다면 그보다 더 취약하고 불완전한 판결이 또 어디에 있을까요? 오디베르 선생, 그런데 왜 칼라스 씨의 첫 증언과 두 번째 증언이 달랐을까요? 왜 최초의 진술에서는 마르크 앙투안이 누워 있었다고 말했으면서 두 번째 진술에서는 목을 매단 상태였다고 말을 바꿨을까요? 왜 처음부터 아들의 사망 현장에 대해 일관되게 진술하지 않았을까요? 그의 일관되지 못한 진술이 경찰과 법원의 의심을 살 만한 원인을 제공한 것 같아서 드리는 말씀입니다."

볼테르는 칼라스 사건이 상상할 수 없는 비극으로 치닫게 된 최초의 원인이 바로 그 지점에서 초래된 것은 아닐까 생각했다. 피의자가 자신이 목격한 사건에 대해 일치하지 않거나 모순된 진술을 하는 것은 그 자체로 의심을 살 만한 행위이기 때문이다. 오디베르가 자신의 의견을 말했다.

"저도 그 부분이 궁금했습니다. 여기서 칼라스 씨가 아들 피에르에게 '형이 자살했다는 소문을 내지 말라'고 말한 부분이 중요해 보입니다. 그러니까 마르크앙투안이 목을 매 죽어 있는 것을 목격했어도 최초 진술에서는 누워 있었다고 말해야 했다는 건데요. 그렇다면 칼라스 씨가 아들 피에르에게 왜 그런 주문을 했을까를 따져 보지 않을 수 없을 것 같습니다."

둘 사이, 긴 침묵의 시간이 흐르고 있었다. 아마도 이 문제를 놓고 서로 고민에 빠진 것이리라. 침묵을 깬 오디베르가 말을 이어 갔다.

"제 생각은 이렇습니다. 아마도 칼라스 씨는 아들의 장례를 고민했을 겁니다. 선생님께서도 잘 아시는 것처럼 1670년의 법령에 의하면, 자살한 사람의 시신은 기독교 장례법을 따를 수 없지요. 스스로 목숨을 끊은 자의 시신은 살인범과 똑같은 평가를 받아 거리에 눕혀 질질 끌고 다니는 모욕을 주어도 무방한 대상이었던 건데요. 실제로 1742년과 1752년 사이 툴루즈에서 그와 같은 일이 일어났습니다. 칼라스 씨는 그러한 사실과 경험을 알고 있었을 것으로 추측됩니다. 아들이 치욕스러운 죽음으로 삶을 마감하는 것을 받아들일 부모가 어디 있겠습니까. 물론 그렇다고 해서 제가 마르크앙투안이 자살했다고 말씀드리는 건 아닙니다."

그의 답을 들은 볼테르는 고개를 끄덕였다. 하지만 무척이나 안타까웠다. 진술을 번복한 것은 죽은 아들에게 모욕을 주지 않고 싶어 하는 부모의 깊은 배려였겠지만, 그로 인해 칼라스는 경찰과 사법 당국의 강력한 의심을 받게 되었고, 결국 비속 살인의 범죄를 저지른 사람으로 단죄되고 처형되었기 때문이다.

12.

　　손님은 어둠을 헤치고 길을 떠났다. 그리고 주인은 자리에 누웠지만 잠을 이룰 수가 없었다. 생생하고 충격적인 이야기로 가득 차 있는 볼테르의 머리는 시간이 지날수록 더 맑아지고 있었다. 그는 뜬 눈으로 밤을 지새우고 나서 다시 도서관으로 올라갔다. 계단을 올라가다 비서를 불러 하루 종일 혼자 있을 테니 아무도 올려 보내지 말 것을 주문했다. 비서가 고개를 끄덕였다. 볼테르는 도서관의 출입문을 걸어 잠갔다. 이제 그는 깊은 시간 생각에 잠길 것이었다.
　　볼테르는 질문에 질문을, 의심에 의심을 거듭했다. '사건이 벌어질 당시 칼라스 씨의 나이가 68세였디. 그리고 그는 한쪽 다리가 불편했다고 한다. 몸이 불편한 노인이 어떻게 28세의 건장한 청년을 목 졸라 살해한 뒤 자살한 것처럼 보에 매달 수 있었겠는가? 하지만 혼자가 아니라 여러 사람의 조력을 받았다면? 함께 있었던 아내, 아들, 라베스 씨, 그리고 하녀와 함께 공모하고 실행한 것이 아니라고 어떻게 확신할 수 있을까? 그렇지만 그 비극이 일어나던 날, 그들은 모두 계속 2층에 모여 있었다고 하지 않았는가? 그런데 그들이 미리 계획을 짠 뒤에 아무도 모르게 살인을 저지른 것이 아니라고 어떻게 단정할 수 있는가? 그러나 여러 사람이 마르크 앙투안을 제압하면서 목을 졸랐다면 분명 그의 옷이 찢어졌거나, 몸에 푸른 멍과 같은 상처가 있었을 텐데 옷은 멀쩡했고 몸도 깨끗했다고 하지 않는가.'

복잡해지고 있는 머리를 정돈해야 했다. 볼테르는 테이블 위의 잔을 들어 천천히 물을 마셨다. 심호흡을 하고 다시 생각을 정리해 본다. '자, 생각해 보자. 아버지는 매우 따뜻하고 이해심 많은 사람으로 알려져 있었다. 내가 들은 바로는 또 다른 아들 루이가 가톨릭으로 개종하고 싶다고 이야기했을 때 아버지는 그의 결정을 받아들였다. 또한 그 아들이 종교적인 이유로 다른 가족들과 왕래를 끊었지만 그럼에도 그에게 매달 일정한 생활비를 제공할 정도로 아버지는 도량이 넓었다고 한다. 그런 아버지가 큰아들의 개종을 받아들이기 어려웠다고? 그를 목 졸라 살해했다고 어떻게 말할 수 있을까? 칼라스 씨가 고용한 하녀 비기에르도 가톨릭 신자였는데,

타 종교를 적대하는 사람이 어떻게 30년간 그녀를 하녀로 고용할 수 있었을까? 그렇다면 어머니가 공모했을 가능성은 없을까? 그럴 수 있다고 치자. 그렇지만 자식들에 대한 절대적 애정을 지녔던 것으로 알려진 칼라스 씨 부인이 어떻게 그 살인에 가담했다고 장담할 수 있을까?'

여기서 볼테르는 자신이 전제하고 있는 인륜의 기준에 갇힐 수는 없다고 생각했다. 사실 인간이라면 보편적으로 지니고 있다고 간주할 만한 상식, 도덕, 윤리를 결여하고 있는 사람이 이 프랑스 땅에는 너무나도 많지 않은가. 이제 볼테르의 추론은 공모 가능성이 있는 다른 사람들로 옮겨 가고 있었다. '보르도에서 라베스 씨가 왔다고 했다. 그는 체력이 아주 탄탄한 청년이다. 그럼, 살해 사건에 조력할 충분한 신체적 능력을 지니고 있을 것이다. 그가 왜 하필 사건이 있던 날 저녁, 칼라스 씨의 집을 방문했을까? 어떻게 부모님이 계시지 않은 것도 모른 채 보르도에서 툴루즈까지 먼 길을 왔을까? 그런데 그 청년은 자신의 친구 마르크앙투안이 가톨릭으로 개종하려 한다는 사실조차 몰랐다고 하는데 어떻게 그렇게 빨리 살해 공모에 개입할 수 있었을까? 살해 현장에 함께 있었다고 알려진 가톨릭교도 하녀는? 하지만 자신과 같은 종교로 개종하고 싶어 하는 사람을 살

해하는 음모에 찬동하고 가담했다는 것이 과연 합리적인 추론일까?'

칼라스의 가족과 그 주변 인물들이 살인 피의자로 의심받는 것은 피할 수 없다. 그러나 그렇다고 해서 확신을 가질 수도 없는 상태였다. 볼테르는 판결 내용에 대해 생각했다. '그들 모두가 마르크앙투안의 살해 공모자라는 판결이 누구라도 수용할 수 있는 객관적 사실에 입각한 정당한 것이라는 전제에서 출발해 보자. 그렇다면 재판부는 그들 모두에게 동일한 형벌을 선고해야 했다. 그런데 어째서 칼라스 씨 혼자 그 잔인한 형벌을 받아야 했을까? 그것이 과연 합당한 판결일까? 재판부는 아들 피에르에게 추방령을 내렸다. 선고가 너무나 모순적이다. 생각해 보자. 그가 아버지와 함께 살해를 주모하고 아버지의 명령을 따라 거짓말을 했다면 그 또한 아버지와 같은 형벌을 받아야 했으리라. 거꾸로 만약 그가 죄가 없다면 굳이 그를 추방할 필요는 없었을 것이다. 나머지 피의자들도 결국 원심과 달리 무죄 확정을 받았다. 그렇다면 칼라스 씨도 무죄라고 결론지어야 하지 않을까?'

추론에서 추론으로 이어지는 긴 사유 과정을 따라가는 볼테르의 머리에 지나칠 수 없는 또 하나의 질문이 떠올랐다. '칼라스 씨는 처음부터 끝까지 자신의 무죄를 주장했다. 그는 온몸의 뼈가 잘리고 부서지는 극단의 고통, 그리고 수많은 군중의 비난과 모욕 앞에서도 자신의 무죄를 고수했다. 행정관 보드리그와 재판부는 고문을 가하면 그가 죄를 자백하리라 생각했을지 모른다. 그것이 일반적인 인간의 나약함이기 때문이다. 그러나 칼라스 씨는 그 무시무시한 고통 속에서 신음하고 죽어 가면서도 자신이 무죄라는 주장을 포기하지 않았다. 그 보기 힘든 초인적 일관성은 그가 아들을 죽이지 않았다는 주장에 상대적으로 더 큰 무게와 신뢰를 준다고 봐야 하지 않을까? 하지만 자신이 살인자임을 고백할 경우 더 큰 비극이 닥칠 것이라 생각했기 때문에 엄청난 고통 속에서도 자신의 죄를 감춘 것은 아닐까? 그러니까 자신의 부인, 아들, 아들의 친구, 하녀 모두 살인 공모자가 되어 자신처럼 처절한 고문 속에서 죽임을 당해야 한다는 것을 우려한 것은 아니었을까?'

신앙과 믿음의 차원에서 의심은 불경스러울지 모른다. 하지만 사회적 진실을 발견하는 데서 그것은 너무니도 중요한 방법이다. 의심을 통한 진리의 발견을 생각하면서 볼테르는 데카르트*를 떠올렸다. 의심과 회의의 길을 따르는 진리 찾기는 자신보다 100년 먼저 태어난 데카르트가 방법적 회의라는 이름으로 전수한 철학적 원리다. 볼테르는 데카르트가 자신이 보고 있는 것, 자신이 생각하는 것 모두를 당연시하지 않았다는 사실, 그리하여 결국 부정할 수도, 의심할 수도 없는 진리 명제("나는 생각한다. 고로 나는 존재한다.")에 도달해 거기서 자신의 철학을 출발시켰다는 사실을 환기했다. 그것은 철학적 진리의 길이자 정치적 진리의 길이었다. 프랑스 계몽주의 이념은 당연한 대상과 사실을 당연한 것으로 바라보지 않으려는 데카르트의 철학 태도에 기원하고 있다고 말할 수 있다.

기나긴 의심과 회의의 끝에서 데카르트의 후예 볼테르는 칼라스와 그의 가족 그리고 라베스가 살인을 저질렀다고 확신할 수는 없다는 결론에 도달했다. 하지만 그렇다고 해서 그들이 무죄라고 말할 수도 없었다. 그 집에서 사람이 죽었고, 그 죽음이 자살이라고 확정할 수 없다면 누군가는 그를 살해했기 때문이다.

* 르네 데카르트René Descartes(1596~1650): 의심에 의심을 거듭한 끝에 "나는 생각한다. 고로 나는 존재한다."라는 철학적 명제의 진리를 선언함으로써, 즉 사유하는 인간을 진리의 주체로 세우면서 근대 철학의 원리를 정립한 프랑스 철학자다.

도서관 안을 서성대던 볼테르가 숨을 몰아쉬며 상황을 정리하려 애쓰고 있었다. '이 사건은 마무리되었으나 진실은 지금까지도 뚜렷한 모습을 드러내지 않은 채로 묻혀 있다. 그러나 사법 당국은 살인을 증명할 어떠한 객관적이고 명확한 증거도 확보하지 못했음에도 살인에 가장 큰 가능성을 두고 사건에 접근한 것으로 보인다. 그들은 당시 군중의 종교적 편견과 적대, 그것에 편승해 자신의 권력을 마구 휘두른 보드리그의 광기로부터 자유롭지 않았던 것 같다. 그 결과, 칼라스 씨에게 유죄를 선고하고 차마 인간으로서 가할 수 없는 고문으로 그를 사망에 이르게 했다. 더욱이 그의 가족들은 모두 흩어져 살아야 하는 고통을 겪고 있다. 진실은 감추어져 있고 많은 사람이 희생되었다. 이는 결코 정당하지도 합리적이지도 않은 판결이라고 볼 수밖에 없다!' 볼테르의 이성적 추론이 감정적 분노로 변하고 있었다. 이 부당하고 어두운 사건의 숨은 진실을 반드시 세상 밖으로 드러내야 한다. 그의 머리와 가슴 속에서 끊임없이 솟구치고 있던 생각, 그건 진리를 희구하는 계몽의 정신이었다.

그렇지만 볼테르는 진리 발견의 여정에서 엄격함에 엄격함을 유지하려 했다. 그들에 대한 인간적 동정심이라든가 연민의 감정 같은 것을 진실을 향한 합리적 의지와 무분별하게 뒤섞어서는 안 된다고 다짐했다. 돌이켜 보면 이성보다 감성이 앞선 나머지 적지 않은 희생을 치른 적이 한두 번이 아니지 않은가. 마음에서 솟아나는 분노의 감정은 특정한 사람이 아니라 인권, 인간 존엄, 진실이라는 보편적 가치에 입각한 것이어야 한다, 진실을 만나기 위해서라면 이성의 세계를 벗어나서는 안 된다고 다짐하고 다짐했다.

칼라스와 그의 가족들이 유죄라는 어떠한 증거도 없지만 그렇다고 그들이 무죄라고 확증할 단계도 아니라는 가치중립의 위치에서 출발해야 했다. 인내와 끈기 그리고 무엇보다 용기의 필요성도 인식했다. 진실은 쉽게 드러나지 않는다. 특히 지금처럼 진실을 가리고 있는 덮개가 공권력, 사법적 권위, 편견으로 가득 찬, 종교라는 너무나도 무겁고 두려운 대상이라면 더욱 그러했다. 그리고 볼테르 또한 인간적인 본능을 지녔기에 두려움에 대해 너무나 잘 알고 있었다. 진실을 세상에 드러내려면 예상하지 못한 적들과 싸우지 않을 수 없었다. 이 선택의 길은 매우 위험한 것일지도 몰랐다. 그는 프랑스의 사법권과 맞서 싸워야 했다. 지방에 있다곤 하지만 가톨릭과 강고하게 결속하고 있는 사법 권력이었다. 절대 권력이 사라진 프랑스에서 지방의 고등법원이

다시 부상하고 있지 않은가. 권력이란 자신의 자리에서 결코 물러서지 않으려는 관성력 같은 것이다. 만약 그들이 중앙의 절대 권력과도 연결되어 있다면 상황은 더 심각해질 수 있었다.

볼테르는 페르네에 정착하기 1년 전인 1757년 파리에서 벌어진 끔찍한 사건 하나를 떠올렸다. 그해 1월 오후 4시경, 마차를 타려던 루이 15세 앞에 다미앵R. François Damien이라는 전직 군인이 나타나 칼로 왕을 찌르는 사건이 발생했다. 다미앵은 그 자리에서 체포되었다. 국사범이 된 그는 상상할 수 없는 고문을 받고 처형되었다. 다음은 그의 처형에 대한 기록이다.

> 호송차로 그레브 광장에 옮겨진 다음, 그곳에 설치된 처형대 위에서 가슴, 팔, 넓적다리, 장딴지에 뜨겁게 달군 쇠 집게로 고문을 가한다. 그 오른손은 국왕을 살해하려 했을 때의 단도를 잡게 한 채 유황불로 태운다. 계속해서 쇠 집게로 지진 곳에 불로 녹인 납, 펄펄 끓는 기름, 지글지글 끓는 송진, 밀랍과 유황의 용해물을 붓는다. 몸은 네 마리의 말이 잡아끌어 사지를 절단하게 한 뒤, 손발과 몸을 불태워 없애고 그 재를 바람에 날려 버린다.*

다미앵이 받은 육체적 고통도 견디기 힘든 것이었지만 신의 이름으로 받는 저주 또한 감내하기 힘든 불명예가 아닐 수 없었다. 칼라스 사건은 종교에 연루된 것이다. 프랑스 가톨릭의 잔인함은 이루 말할 수 없었다. 프랑스의 가톨릭이 역사 속에서 벌인 비극적 사태를 알고 있다면 그런 가톨릭에 대한 도전이 얼마나 엄청난 비극을 초래할지 모를 사람은 없을 것이었다. 1572년 파리에서 벌어진 성 바돌로매 대학살의 잔인함은 프랑스는 물론, 전 유럽에 알려지지 않았는가. 개신교에 대한 가톨릭의 극단적 경멸감과 혐오감은 상상을 뛰어넘었다. '만약 내가 이 종교적 사건, 가톨릭의 권위와 기득권에 도전하는 이 사건에 뛰어든다면 나의 미래는 어떻게 될 것인가? 나라고 고통과 고문 속에서 죽지 않는다고 어떻게 장담할 수 있을까? 나는 이미 프랑스 정치와 종교가 미워하는 사람이 아닌가? 내 나이로 이 일을 과연 감당할 수 있겠는가?'

이러한 번민 앞에 서 있는 볼테르 또한 공교롭게도 칼라스와 같은 68세였다. 볼테르는 일흔에 다

---

* 미셸 푸코, 『감시와 처벌: 감옥의 탄생』, 오생근 옮김, 나남출판, 2020, 23쪽.

다른 노구를 이끌고 어떻게 다양한 정보를 얻으며, 사람들을 만나고, 파리와 페르네를 오갈 수 있을까에 대한 염려와 두려움 앞에서 이성이 흐려지는 것을 느꼈다. 그 또한 여느 사람처럼 약하디약한 한 인간이었다. 하지만 근대는 말하고 있었다. 인간이란 진리를 향할 때 초월적인 능력을 보여 주는 존재임을. 그 가르침에 따라 볼테르는 근대라는 진보의 세계로 발걸음을 내딛기로 마음먹었다.

13.

　중세가 신법divine law의 시대였다면 근대는 자연법natural law의 시대였다. 자연법은 인간의 영혼을 들여다보려 한다. 그리하여 자연법은 인간의 영혼에는 진리의 명석한 판별자인 이성이 보편적으로 내재하고 있음을 인류에게 호소해 왔다. 그 자연으로부터 받은 선물인 이성에 의지해 도달한 결론 앞에 서라면 한 치의 주저함도 없어야 한다. 볼테르의 철학적 믿음이었다. 그렇게 볼테르는 냉철하고 합리적인 사유를 등불 삼아 진리와 진실에 도달한다는 계몽주의 이념을 실천할 중대한 계기를 인생의 후반기에 만나고 있었다. 어쩌면 삶의 마지막 장소가 될지도 모를 페르네에서 진실을 향한 대모험이 자신을 기다리고 있음을 직감했다. 숨어 있는 진실의 매듭을 찾아내기 위한 볼테르의 이성이 다양한 방식으로 움직이고 있었다. 우선, 마르크앙투안이라는 인물에 관한 정보를 얻어야 했다. 그가 파악해 정리한 마르크앙투안은 다음과 같은 청년이었다.

> 마르크앙투안은 내성적이며 다소 우울하고 폭력적인 기질을 지닌 청년이었다. 그에게는 변호사의 꿈이 있었다. 하지만 그는 소망을 이룰 수 없었다. 당시 프랑스에서 변호사가 되려면 가족 모두가 가톨릭 신자임을 증명하는 문서가 필요했기 때문이다. 개종한 동생 루이를 제외하고는 모두 개신교도였으므로 그에게 변호사는 불가능한 직업이었다. 결국 그는 아버지의 포목점 사업을 돕는 길을 택해 살아가게 된다. 하지만 그의 마음 한구석에는 자신의 일에 대한 불만족이, 때로는 혐오감이 늘 떠나지 않고 있었다. 게다가 사업 수완이 그리 좋지 못했을 뿐만 아니라 다른 사람들 앞에서 자신을 과시하려는 성향도 있었다. 아들의 그러한 태도가 마음에 들지 않았던 아버지는 그에게 핀잔을 주곤 했다. 그래서였는지 마르크앙투안은 종종 낭비와 방탕에 빠져 지내곤 했다.*

이 청년의 개인사에 비추어 볼 때 그의 죽음을

---

* 볼테르, 『관용, 세상의 모든 칼라스를 위하여』, 김계영 옮김, 옴므리브르, 2022, 35쪽.

종교와 연결하는 논리가 얼마나 설득력이 있을까? 자신의 꿈을 이루지 못하고 능력도 발휘하지 못한 채 새로운 삶을 찾을 수도 없게 된 그의 부정적인 현실과 연결하는 게 더 적절한 가설 아닐까? 볼테르는 조심스럽게 추론을 이어 나갔다.

한편, 볼테르는 사건이 발생했을 때 막내 도나라는 청년이 도제 수업을 위해 다른 지역으로 떠나 있었다는 사실을 들었다. 비서에게 그의 소재 파악을 주문했다. 그는 사건이 난 그 당시 남부 도시 님 Nimes에 머물고 있었다. 이후 다른 일을 찾아 프랑스를 떠나 개신교도의 도시 제네바로 거처를 옮겼고, 그곳에서 가족의 비극적인 소식을 들었다. 볼테르는 와니에를 보내 페르네로 그 청년을 초대했다. 제네바에서 페르네는 그리 멀지 않았다.

"볼테르 선생님, 제네바에서 도나 씨가 도착했습니다."

얼핏 잠이 들었는지 와니에의 목소리에 눈을 떴다. 볼테르는 차를 준비하라고 말한 뒤 서둘러 아래층 거실로 내려왔다. 내려가는 길, 그는 마음의 경계를 느슨히 할 수 없었다. '슬픈 가족사로 고통스러워한다고 해서 그 청년에게 근거 없는 동정심이나 연민을 베풀지는 말자. 나의 이성을 가로막을 사적 감정에 사로잡혀서는 안 된다. 침착하게 가치중립을 지키며 냉정함을 유지해야 한다. 그 기준들 위에서 그를 만나고 이야기를 들어야 한다.'

"반갑습니다. 도나 씨, 볼테르입니다."
"볼테르 선생님이시군요. 프랑스의 가장 위대한 문학가이신 선생님을 이렇게 뵙다니…… 저희 가족의 억울한 사연에 귀 기울여 주시고, 얼마나 기쁘고 감사한지 모르겠습니다."

볼테르를 바라보는 도나의 얼굴에 형용할 수 없는 여러 감정이 퍼지고 있었다.

"그동안 가족들을 만나지도 못한 채 혼자서 외롭게 지내야 했을 도나 씨를 위로합니다. 하지만 나는 아직 누구의 편도 아닙니다. 중요한 건 객관적인 정보와 사실을 찾는 일이지요. 자, 아버지를 포함해 가족들에 관한 이야기에서 시작해 볼까요?"

이야기를 해 나가는 과정에서 볼테르는 도나가 얼마나 신실하고 정직하며 믿음직한 청년인지를 느낄 수 있었다. 그가 볼테르 앞에 내놓는 모든 말은 꾹꾹 눌러 담은 진실과 진심으로 보였다. 도나에 따르면 아버지 칼라스는 자식들을 너무나도 사랑한 사람이었다. 진리 앞에서라면 절대적인 경외심과 두려움을 갖곤 했던 신실한 존재였다. 막내아들은 눈물로 증언했다. 그와의 수차례 대화를 마친 볼레르는 칼라스와 가족들이 정말 자신들의 혈육을 그렇게 잔인하게 살해하려 했을까, 인륜의 차원에서 그것이 과연 가능했을까라는 의문을 던지지 않을 수 없었다.

볼레르는 피에르에 대해서도 면밀한 조사가 필요하다고 판단했다. 재판부와 여론이 살해 공모에 가담했다고 판결한 인물 아닌가? 그가 형을 교살했는지는 확실치 않다. 하지만 그가 형을 끌어내린 것은 사실이다. 그리고 아버지와 함께 사건 현장을 가장 가까이서 관찰한 사람이다. 볼레르는 작은 단서라도 얻을 요량으로 사람을 고용해 피에르의 동정을 살피게 했다. 하지만 형을 살해하는 데 가담했다고 의심할 만한 발언이나 행동을 찾을 수는 없었다. 물론 그가 자신의 악행을 숨기기 위해 위장한다고 생각할 수도 있다. 하지만 그를 지켜본 기간이 수개월이었음을 고려해야 한다. 사람의 내면은 잠깐은 은폐될 수 있어도 그 이상의 시간을 거스를 수는 없다.

"와니에, 지금까지의 인터뷰, 조사, 검토한 내용을 담고 있는 모든 서류를 도서관에 가져다주시게."

방대한 자료가 도서관 책상 위에 놓여 있었다. 칼라스 사건을 정면으로 마주하고 있는 볼테르는 긴장으로 숨이 가빠짐을 느꼈다. 진실이 드러난다고 해도, 진실이 가려진다고 해도 권력의 거대하고 집요한 저항에 맞서야 했다.

볼테르는 자료 검토에 착수했다. 그러나 그 작업은 결코 혼자 할 수도 없고, 그래서도 안 된다. 인간이라는 동물은 자신의 세계에 갇히게 될 때 주관적 편향의 위험을 피할 수 없기 때문이다. 볼테르는 생각했다. '위대한 철학자 플라톤Platon의 동굴의 비유*를 우리 모두 알고 있지 않은가. 자신만의 동굴에 갇혀 어떠한 빛도 만날 수 없는 인간의 영혼은 결국 오류투성이의 결론에 도달하지 않는가.' 타인의 객관적 검증과 판단을 통과해야만 신뢰를 확보할 수 있다. 그렇게 할 때 확실하고 신뢰할 만한 결

---

* 플라톤의 대화록 『국가』에서 묘사되고 있는, 동굴 속에 갇힌 죄수의 비유로, 시각 이미지에 사로잡힌 인간의 눈이 피할 수 없는 판단의 오류를 역설하고 있다.

론에 도달할 수 있다. 볼테르는 자신의 주치의를 포함해 가깝게 지내던 금융인, 변호사, 목사 등에게 도움을 요청했다. 그들은 오랜 시간 의견을 교환하고 토론을 진행했다. 그리하여 볼테르의 성에 모인 집단 지성은 몇 가지 중대한 잠정적 결론에 도달했다. 공론의 주체들은 결론을 문서로 남겼다. 이 결론만큼은 바뀌지 않으리라는 일종의 확신 행위 같은 것이었다.

집단적 추론을 통해 얻은 칼라스 사건에 관한 몇 가지 잠정적 결론

- 툴루즈에서 맹위를 떨친 이교도를 향한 의심과 광신의 기운이 재판부가 객관적 정의에 접근하고 도달하는 데 장애로 작용했을 수 있다. 그 무시무시한 폭력적 여론을 마주한 재판부가 자기 생존의 욕구 앞에서 이성의 존재를 망각했을 수도 있다.
- 저녁 식사 자리에 참석한 사람들 모두는 마르크앙투안이 식탁에서 일어나는 순간부터 그의 시신이 발견될 때까지 전혀 자리를 뜨지 않은 채, 같이 모여 있었다고 일관되게 증언하고 있다. 그들이 입을 맞추고 있었을지도 모른다. 그렇다면 그들의 집단적 공모 가능성을 생각해 볼 수 있다. 하지만 마르크앙투안의 친

구 그리고 하녀까지 포함해 전 가족이 함께 살인을 공모했다고 상상하기는 쉬워 보이지 않는다. 그러기 위해서는 너무나도 많은 상황이 정확히 들어맞고 일치해야 했기 때문이다.
- 집단 공모가 아니라 아버지가 단독으로 교살했다는 가정 위에 서 보자. 건장한 청년과 노인 간 신체와 힘의 현격한 차이를 생각하지 않을 수 없다. 따라서 아들이 아무런 저항 없이 피살되었다고 생각하기는 어려워 보인다. 물론, 아들이 아버지의 명령을 어기지 못하고 마지못해 죽음을 받아들였을 수도 있다. 그러나 칼라스의 자애로움과 타 종교에 대한 관용적 태도에 비추어 보면 그러한 가정은 합리적이지 않아 보인다.

'진실의 작은 틈이 열리고 있다. 그 틈이 조금씩 넓어지면 사건의 진실로 향하는 거대한 길이 만들어질지 모른다.' 볼테르의 성에 모인 사람들은 그렇게 생각하고 있었다.

14.

　긴 생각과 토론의 길 끝에서 의심의 사상가, 과학의 영혼, 그리고 이성의 신봉자인 볼테르는 고백했다. '나는 나의 이성에 비추어, 나의 존재만큼 그 가족의 무고함을 감히 믿지 않을 수 없다.' 그의 앞에 서 있는, 오직 진실만을 향하는 양심의 여신이 그에게 명령하고 있었다. '칼라스 가족의 무죄를 밝히는 일에 주저 없이 뛰어들어야 한다. 진실로 다가가는 실천이기 때문이다.'
　볼테르는 생각했다. '이제 무엇을 해야 하는가? 그 실천은 어디에서부터 출발해야 하는가?' 도덕적 당위가 실천을 정당화한다. 그러나 실천의 방법은 또 다른 문제였다. 잘못된 방법으로는 목표에 도달할 수 없기 때문이다. 칼라스 사건을 다시 재판에 회부해야 한다고 볼테르는 판단했다. 그러지 않고는 참과 거짓, 진실과 허구, 정의와 불의가 세상에 드러나고, 선이 찬양받고 악이 심판받을 수 없기 때문이다. 프랑스에는 억울한 일을 당한 백성들을 위한 청원 제도가 있었다. 백성들의 청원에 대한 사법적 심사와 판결을 담당하는 국왕참사회가 그 일을 맡고 있었다. 그러나 그 사법적 경로를 확보하는 일이 과연 쉬운 일인가? 프랑스의 중심 파리의 사법과 행정 권력을 어떻게 움직이고 설득해야 하는가?

볼테르는 고심을 거듭한 끝에 적어도 두 가지 전략이 필요하다고 생각했다. '파리의 중앙 권력을 움직일 강력한 여론을 조성해야 한다. 그 여론의 압력으로 영향력 있는 이들이 국왕참사회가 재심을 열도록 압박해야 한다.' 그렇지만 그건 왕을 움직이지 않고는 불가능했다. 국왕참사회의 결정이 곧 왕의 결정이었기 때문이다. 그러한 전략의 실현 여부는 불명확하나 불가능한 것도 아니었다. 종교적 편견과 맹목으로 가득 차 있는 비이성의 남부 도시와 달리 수도는 상식과 양심과 합리가 살아 숨 쉬고 있다고 볼테르는 믿었다. 프랑스, 아니 유럽의 위대한 도시 파리의 18세기는 계몽주의라는 새로운 지적·문화적 바람이 불던 시대였다. 70여 년이라는 전례 없는 재위 기간, 절대적 통치권으로 지배해 온 태양왕의 사망은 결코 한 권력자의 소멸만을 의미하지 않았다. 완전히 새로운 프랑스로의 이행이 시작될 거라는 역사 이성의 예지叡智*일지도 몰랐다. 겉으로 보면 친애왕의 절대권이 여전히 살아 있었지만, 그 바닥은 혁명적 변화로 꿈틀대고 있었다. 절대왕권의 구체제 반대편에는 새로운 생각, 의지, 열정이 조형되고 있었다. 모름지기 근대성modernity의 출현이었다. 파리의 근대 에너지가 구체제의 경화된 영토를 점점 더 밀어내면서, 프랑스의 수도는 낡은 체제의 권위로 완벽히 통제될 수 없는 사회로 변모해 갔다. 부르주아Bourgeois**야말로 그 거대한 역사적 전환의 주체였다. 볼테르는 영국의 부르주아를 만났고, 프랑스의 부르주아와도 교류했다. 그들의 생각은 놀라웠다.

---

*　독일의 근대 철학자 헤겔Georg Wilhelm Friedrich Hegel의 저서 『역사철학강의』에 등장하는 개념이다. 역사에 출현하는 사건들은 아무런 연관성이 없는 우연의 결과인 것 같지만, 그 속에는 객관적 실체인 역사 이성의 법칙적 의지가 숨어 있음을 뜻하는 개념이다.

**　유럽의 근대를 이끈 계급이다. 경제적으로는 자본주의, 정치적으로는 자유주의, 문화적으로는 개인주의를 신봉하며 유럽 전근대 체제를 비판하고 새로운 사회제제를 향한 정치적·경제적 문화적 동력을 만들어 낸 주체를 가리키는 개념이다. 전근대 궁정과는 근본적으로 다른 삶과 관계 양식으로 직조된, 이른바 '부르그'Bourg라는 근대 공간에 거주하는 사람들이라는 의미로 '부르주아'로 불렸다.

"어서 오세요. 환영합니다, 볼테르 선생님. 이쪽으로 모시겠습니다."

초대받은 볼테르는 여주인을 따라 작은 방으로 안내되었다. 사람들은 그녀를 '프레시외즈'précieuse로 부른다. 세련된 부르주아의 주택 내부는 미로 같았다.

"위대한 볼테르 선생님, 우리 살롱salon에 기꺼이 왕림해 주시니 무한한 영광입니다."
"이렇게 훌륭한 자리에 초대해 주셔서 감사드립니다."

당대 프랑스의 내로라하는 문인, 예술가, 사상가 들이 모여 있었다. 모두 자유롭게 자리를 차지하고는 삼삼오오 모여 이야기를 나누고 있기도 하고, 어떤 사람은 긴 의자에 머리를 괴고 비스듬히 앉아서 주변의 말들을 듣고 있었다. 이들에게 격식은 무의미해 보였다. 너무나도 자유롭게, 서로의 이야기를 귀 기울여 듣고 자신의 주장을 드러냈다. 그러니 살롱은 왁자지껄할 수밖에 없었다. 하지만 그 공기는 진지한 호기심으로 충만했다.

"볼테르 선생님, 여기에는 어떠한 권위도, 금기도, 위계도, 편견도 허락되지 않지요. 오직 상대를 존중하는 마음과, 진리를 향한 겸손의 태도 그리고 논리적으로 생각하고 발언할 능력만을 요구합니다. 이곳에서는 모든 주제가 토론의 대상이 된답니다."

프레시외즈의 이야기는 가히 혁명적이었다. 영국에 커피하우스가 있다면 프랑스에는 살롱이 있는 것이다. 하지만 계몽의 정신은 한 곳에서만 드러나지 않는다. 프랑스의 출판문화 또한 계몽의 발현지였다. 권력은 금서하는 것으로 '해로운' 책들의 유통을 막아 내려 했다. 하지만 정치적·상업적 동기로 작동하는 출판 시장은 금서의 벽을 넘어서고 있었다. 프랑스의 18세기 중반은 책의 시대, 지식의 시대였다. 계몽의 동력이 광범위하게 퍼지고 있는 시대였다. '새로운 시대를 잉태하고 있는 도시 파리에서 칼라스의 여론을 만들어 유포하려면 책이 가장 효율적인 방법이겠다. 귀에서 귀로 듣고 전해지는 소문이 아니라 자신의 내면에서 깊이 반성하고 사유하게 해 줄 책을 접하게 하자. 그러면 사람들은 남부 도시를 휘감고 있는 종교적 편견의 광기에 놀랄 것이다. 사람들은 냉철하고 객관적인 이성으로 칼라스 사건의 진실에 목말라하리라.' 이렇게 생각한 볼테르는 칼라스 부인과 막내아들의 편지를 엮어 책으로 만들기로 했다. 볼테르는 깊은 확신 속에서 예견했다. '도나가 어머니에게 보낸 편지와 안로즈가 가족의 지인에게 보낸, 사건에 관한 증언들을 읽는다면 칼라스 사건에 대한 가족들의 솔직한 생각을 알게 될 것이고, 그렇게 되면 형언할 수 없는 고통을 겪고 있는 이들의 무고함에 대해 생각하게 되지 않을까? 그럼 국왕참사회를 비롯한 당국의 관심을 이끌어 낼 수 있지 않을까?'

그런데 볼테르에게 한 가지 고민이 생겼다. 진실한 청년 도나가 어머니에게 보낸 편지와 안로즈의 증언 기록을 살펴본 볼테르는 그 글들이 사람들의 마음을 움직여 공감하게 하는 데에는 충분치 않다고 판단했다. 그들에게 유려한 문장력을 기대할 수는 없는 노릇이었다. 공감의 여론을 불러일으켜야 한다는 전략적 목표 앞에서 볼테르는 그 글들을 재구성하는 작업에 착수했다.

볼테르의 윤문을 거친 글에서 칼라스 부인은 자신의 고통을 억누르며 예상을 뛰어넘는 차분함으로 당시 상황을 지인에게 전하고 있었다.

선생님, 저는 죄인이라는 낙인 속에서 살아가기보다는 정당하게 삶을 마감하는 것이 낫다는 마음으로 제 가

족의 무고함을 증명하는 일만을 하려 합니다. 사람들이 우리의 무고함이 드러나지 않도록 압박하고 있고, 가족들을 향한 잔인한 박해도 중단하지 않고 있습니다. 선생님도 잘 아시는 것처럼, 사람들은 저를 위로해 줄 유일한 제 두 딸과 저를 떨어뜨려 놓기 위해 그 아이들을 툴루즈의 수도원에 가두려 합니다. 사람들은 저희가 겪은 큰 불행의 공간 속으로 그 아이들을 밀어 넣으려 합니다. 하지만 바라옵건대, 전하께서 그 아이들에게 은총을 베풀어 주시길. 그렇게 해 주신다면 저는 그분을 찬양하는 데 신명을 바치겠습니다. 이제 저는 선생님께 제 가족의 불행한 사건을 일어난 사실 그대로 숨김없이 말씀드리려 합니다.

1761년 10월 13일이었지요. 저희에게 불행이 닥친 그날, 고베르 라베스 군이 우리 집을 방문했습니다. 라베스 군은 (그가 종종 머물곤 했던) 보르도에서 부모님을 뵈러 왔어요. 그때 그분들은 시골에 머물고 계셨습니다. 제 남편이 그 친구에게, 바로 떠나지 않을 생각이라면 함께 저녁을 먹으면 좋겠다고 말했고요. 그 친구는 그러겠다고 답했습니다. 그가 저를 보러 제 방으로 올라왔어요. 여느 때와 달리 저는 방에 머물러 있었습니다. 우리는 의례적인 인사를 나누었지요. 라베스 군은 남편의 제안으로 함께 저녁을 먹게 되었다고 말하더군요. 저는 그러자고 답하고 나서 하녀에게 일을 시키기 위해 잠깐 밖으로 나왔습니다. 그때 제 아들 마르크앙투안이 보였어요. 그 녀석은 상점에 혼자 우두커니, 마치 꿈을 꾸고 있는 듯 앉아 있었습니다. 저는 아들에게 "치즈를 사러 갔다 오지 않으련." 하고 물었습니다. 보통 마르크앙투안이 치즈를 사 오곤 했거든요. 그가 다른 아이들보다 치즈에 대해 더 잘 알고 있었지요. 저는 그 녀석에게 치즈 살 돈을 주면서 남은 돈은 아버지께 드리라는 말을 덧붙였습니다. 그러고는 라베스 군을 보러 다시 제 방으로 올라왔습니다. 라베스 군은 잠시 후 제 방을 나갔는데요, 나가며 다음 날 부모님을 뵈러 갈 참인데 빌릴 말이 있는지 궁금해했습니다.

큰아들이 장을 보고 오자 모두는 저녁을 먹기 위해 식탁에 자리를 잡았습니다. 저녁 식사 시간은 그리 오랫동안은 아니었는데요, 밥을 먹으며 우리는 이런저런 화제를 나눴습니다. 그중에는 툴루즈 시청의 고미술품 이야기도 있었습니다. 식사가 끝나고 후식을 먹고 있는데, 그 불쌍한 아이, 제 첫째 아들 마르크앙투안이 식탁에서 일어나 늘 그랬듯이 부엌으로 가더군요. 그러자 하녀가 말했습니다. "도련님, 추우신가요? 몸을 좀 따뜻하게 하세요."라고요. 그 아이는, "아니요, 너무 더워요."라고 말하면서 자리를 떴습니다. 저희는 조금 더 식탁에 머문 뒤, 선생님께서 아시는, 아마 주

무시기도 했던 그 방을 지나왔어요. 제 남편과 라베스 군은 소파에 마주 보고 앉았고, 둘째 아들은 1인용 소파에 그리고 저는 다른 의자에 앉았습니다. 우리는 함께 담소를 나누었습니다. 곧 둘째 아들이 소파에서 잠이 들었어요. 아마 저녁 9시 45분에서 10시 사이였던 것 같은데요, 라베스 군이 떠난다고 해서 아들을 깨워 그를 배웅하라고 말했어요. 아들은 손에 등불을 들고 라베스 군과 함께 아래층으로 내려갔습니다.

그들이 1층으로 내려가고 난 뒤 얼마 지나지 않았던 것 같아요. 소스라치게 놀라는 소리를 들었습니다. 하지만 누가 소리를 질렀는지는 알지 못했습니다. 남편이 그쪽으로 황급히 달려갔습니다만 저는 감히 내려가지도, 어떻게 해야 할지도 모른 채 떨면서 머물러 있었습니다.

그렇지만 아무도 올라오지 않기에 '아무래도 내려가 봐야겠다.'라고 생각했습니다. 계단 아래에서 라베스 군을 만났고, 저는 도대체 무슨 일이 일어났는지 말해 달라고 재촉했습니다. 그는 제게 다시 올라가라고 얘기하더군요. 라베스 군은 저와 함께 제 방으로 올라갔습니다. 아들이 그런 상태로 있는 모습을 제가 보고 충격을 받을까 봐 그랬겠지요. 그러고는 그는 다시 내려갔습니다. 하지만 당시 마음이 너무 불안해서 도저히 기다릴 수가 없었습니다. 하녀를 불러 아래층에서 무슨 일이 일어났는지 알아보라 말했어요. 저는 제가 얼마나 떨고 있었는지 그때는 미처 몰랐습니다. 그녀에게 등불을 쥐어 주며 내려가도록 했습니다. 하지만 더 이상 참을 수가 없었기에, 그녀가 다시 올라오기 전에 내려갈 수밖에 없었습니다. 아, 신이시여, 아들이 땅바닥에 쓰러져 있는 걸 보고는 얼마나 놀라고 얼마나 고통스러웠는지요. 그렇지만 아들이 죽었다고는 믿을 수가 없었습니다. 저는 헝가리 왕비의 물을 찾아오라고 하녀에게 말했어요. 아들이 아파서 쓰러졌다고 생각했거든요. 끝내 희망이 저희를 떠나는 순간에도 저는 그를 살릴 수 있는 모든 방법을 시도해 보려 했습니다. 어느 누구도 아들이 죽었다는 사실을 제게 납득시키지 못했어요. 의사를 부르러 갔기 때문에 희망을 놓고 싶지 않았습니다. 하지만 더 할 수 있는 게 없었지요. 결국 아들은 죽었습니다. 저는 아무런 소용이 없다는 걸 알면서도 의사에게, 한 번 더 아들을 주의 깊게 살펴봐 달라고 애원했지요. 물론 다 소용없는 일이었지만요.

    이건 모두 진실입니다. 그 사건이 벌어진 날, 남편은 절망에 빠져 계산대에 우두커니 기대어 있었습니다. 죽은 아들의 처참한 모습과, 남편을 잃을지도 모른다는 염려, 어떠한 위로도 들으려 하지 않은 채 헤어 나오지 못하는 그의 고통에 대한 걱정으로 제 심장이 찢기고 있었습니다.

선생님, 지난 사건에 대해 가감 없이 모든 것을 말씀드렸습니다. 저희의 무고함을 아시는 신께 기도합니다. 만약 제가 이야기를 고의로 덧붙이거나 빠뜨려 모든 상황에 대해 온전한 진실을 말하지 않았다면, 신께서 제게 영원한 형벌을 내려도 좋다고요. 진실을 위해서라면 피로써 맹세하는 데 어떠한 주저함도 없을 것입니다.[*]

칼라스 부인은 몸서리쳐지도록 고통스러운 감정을 최대한 억누르고 있었다. 그녀는 냉정함을 유지한 채 그날의 사건을 증언했다.
　애써 이성에 의지하려는 그녀의 진술과는 달리 막내아들 도나의 편지는 어머니를 향한 눈물겨운 애정과 절절한 사랑이 담겨 있었다.

사랑하는 나의 어머니, 큰 불행을 당하신, 그러나 존중받아야 할 나의 어머니. 6월 15일에 보내신 편지를 제 친구에게서 받았습니다. 그 편지를 읽은 친구도 울지

---

[*] Voltaire, *Pièces originales concernant la mort des Srs Calas*, 1762.

않을 수 없었지만 제 눈에서 흐르는 눈물로 편지가 뭉개질 정도였습니다. 저는 그만 무릎을 꿇어 버렸습니다. 제 가족 중 어느 누구라도, 그러니까 아버지, 형, 그리고 세상에서 가장 고결한 어머니께서 그 가공할 비속 살인에 연루되었다면 신께서 저를 없애 버리셔도 좋다고 기도했습니다.

저는 일 때문에 머물러야 했던 스위스에서, 우리 가족 전체에게 상상할 수 없는 끔찍한 비극이 발생했다는 걸 알게 되었습니다. 무엇보다 저는 어머니 당신과 아버지, 형, 너무나도 정직하고 온화한 라베스 형이 툴루즈 감옥에 갇혔다는 것도 들었습니다. 그리고 형 마르크앙투안이 끔찍하게 죽었다는 사실도 들었어요. 종교적 다양성에 반하여 종종 일어나게 되는 혐오가 가족들을 살인죄로 몰아가고 있다고도 들었습니다. 어머니, 저는 끔찍한 고통으로 삶을 포기하고 싶은 마음뿐입니다.

사람들이 제게 전하기를, 툴루즈 주민들이 우리 집 문 앞으로 몰려와 죽은 형을 바라보면서 "저 친구의 아버지, 저 친구의 개신교 가족들이 저 친구를 살해했다."고 소리쳤다 합니다. 툴루즈 주민들이 우리 집 문 앞으로 몰려와 죽은 형을 바라보면서 "저 친구가 가톨릭으로 개종하려고 했지만 결국 다음 날 아버지가 아들을 자기 손으로 교살해 개종을 포기하게 된 것"이라고 말했다 하네요. 그들은 또 "아버지가 자신이 저지른 일에 대해 신께서 만족해할 것이라고 믿었으며, 그의 또 다른 아들 피에르, 그의 부인, 라베스라는 청년도 가담했다."고 말했다 합니다. 그리고 "20세의 라베스가 개신교도 회의에서 이교도를 죽이고, 개종하려는 사람들 모두를 살해할 임무를 띠고 그날 보르도에서 왔으며, 바로 그것이 개신교의 일상적인 단죄 행위"라고 소리쳤다고 말이지요.

정말 저는 아연실색하지 않을 수 없었어요. 형이 개종하려 했다는 근거 없는 가정 아래, 가톨릭교회에 매장하려 한다는 이야기가 도대체 무엇이랍니까? 흰옷의 참회자 형제단이 마치 순교자인 듯 성스러운 의식으로 그의 장례식을 치렀다고 들었습니다. 저는 그처럼 조급하고 치명적인 광기가 어떤 결과를 초래할지 간파했습니다. 형 마르크앙투안을 순교자로 간주하는 것은 결국 아버지, 어머니 당신, 형 피에르, 라베스 형을 살인자로 간주한다는 의미 아니겠어요? 그렇지만 이제 저는 말하지 않을 수 없습니다. 어머니, 저는 한 달 동안 공포 속에 갇혀 있었습니다. 저는 불행한 형을 잘 압니다. 그는 결코 자신이 신앙을 포기하려고 하지 않았다는 걸요. 그가 개종하려 했더라도 아버지와 어머니께서는 그의 양심을 억누르려 하지 않았을 것으로 믿습니다. 두 분은 또 다른 형이 가톨릭으로 개종한 것도 인정하고 그에게 생활비를 주곤 하지 않으셨습니까. 가족 중 서로 다른 종교를 믿는 형제들을 보는 일이 우리 지역에서는 너무나도 흔합니다. 종교적 차이 속에서도 우애는 사라지게 해서는 안 된다는, 더할 나위 없는 관용의 절대적인 그 격언 위에서 우리는 어느 누구도 비방하지 않습니다.

자식을 함부로 대하는 법도, 분노를 드러내는 법도, 짜증 섞인 말로 상처를 주는 법도, 매를 드시는 법도 없으셨던 아버지와 어머니가 30년간 지켜 온 그 자애로움을 버리고 어느 날 갑자기 상상을 초월하는 분노를 못 이겨, 개종하려는 아들을 자신의 손으로 살해했다는 걸 저로서는 도저히 믿을 수가 없습니다.

어머니의 편지를 받을 수도 없고, 제가 편지를 보낼 수도 없는 이런 끔찍한 혼돈 속에서 저는 근 두 달을 보내야 했습니다. 이제야 저는 우리의 무고를 증명하기 위한 진정서를 써야겠다고 생각하게 되었습니다. 어머니께서 15일 자로 보낸 편지에서 말씀하신 것과 같은 내용을 담은 진정서입니다. 그러니까 불쌍한 제 형 마르크앙투안이 죽기 전에 어머니와 함께 식사했고, 형과 함께한 그 마지막 식사 자리에 있던 사람 중 어느 누구도 그 자리를 떠난 적이 없으며, 오직 그의 비극적 종말을 인지하는 그 순간에만 자리를 떴다는 사실 말입니다.

어머니, 어머니께 편지를 쓰는 이 순간에도 제 손은 떨리고 있어요. 제게 힘을 주세요. 당신의 용기를 나누어 주세요. 당신이 느끼고 있으실 공포가 고스란히 제게 전해져 옵니다. 당신은 눈앞에서 자식을 잃었고, 남편은 잔인한 형벌을 받고 참혹하게 이 세상을 떠났으며, 남은 자식들도 뿔뿔이 흩어졌고, 재산마저 모두 빼앗겼습니다. 존경과 부가 있던 자리를 빈곤과 치욕이 대신하고 있습니다. 이것이 어머니의 현재 상태 아닙니까? 하지만 신은 어머니 곁에 계실 겁니다. 신은 당신을 버리지 않았습니다. 어머니께 소중했던 아버지의 명예를 위해 가난과 마음의 병과 치욕스러운 공포에 용감하게 맞서 주십시오. 은혜로운 전하께옵서 어머니의 목소리에 귀 기울이실 것입니다. 그리하여 어머니는 전하의 발아래에서 반드시 군주의 정의를 구하게 될 것입니다.

어느 누구도 미망인의 진실된 외침과 이성의 논증에 맞서지 못할 것입니다. 아버지는 어머니를 떠나지 않은 채 2층에서 계속 어머니 그리고 다른 피의자들과 함께 있었고, 저의 불행한 형은 아래층에서 죽었다는 것이 증명되었습니다. 그럼 충분한 것입니다. 사람들은 아버지에게 가장 고통스러운 형벌을 선고했습니다. 이어지는 재판에서 제 형은 추방을 선고받았습니다. 그런데 추방령에도 불구하고 형을 툴루즈의 자코뱅 수도원에 가두었습니다. 어머니도, 라베스 형의 기소도 기각되었습니다. 그처럼 이례적이고 모순된 심판을 어느 누가 상상할 수 있었을까요? 형이 살인죄를 저질렀다면 왜 그를 그저 추방해 버리는 결정을 했을까요?

제가 고발하는 자들은 재판관이 아닙니다. 무고한 자를 법적으로 살해할 마음이 그들에게 있지는 않았다는 걸 의심할 수는 없습니다. 저는 비방, 거짓으로 보고된 상황증거, 무지한 보고서, 몇몇 증언자들의 기괴한 착각, 몰상식한 대중의 외침, 자신들처럼 생각하지 않는 사람들을 가장 중대한 범죄자로 믿어 버리는 광적인 분노심을 고발합니다.

아버지 혼자였든, 두 사람이 함께였든 형을 목매단다는 것은 불가능합니다. 더욱이, 모든 피고인들이 한순간도 자리를 뜨지 않았는데, 다리가 불편했던 아버지 혼자 범죄를 저질렀다는 것도 말이 되지 않습니다. 따라서 재판관들은 무고한 자를 범죄자로 만들었거나, 가장 무서운 범죄를 저지른 네 괴물의 땅*을 깨끗하게 하지 않은 채 자신들의 직무를 유기한 것이겠

---

*   서양 중세의 네 괴물인 피닉스phoenix, 웨어울프werewolf, 사티로스satyros, 다이몬daimon을 가리킨다.

지요.

　　어머니를 더없이 사랑하고 존경하기에 저로서는 말하지 않을 수가 없어요. 사람들의 공격이 과도할수록 오히려 그것이 당신의 고결한 인품을 드러내는 역할을 하리라는 것을 말이에요. 그러니 이제 아버지의 무고함에 대해 정당하게 요구하세요. 저도 어머니와 함께하겠습니다. 만일 아버지가 유죄임이 드러난다면 기꺼이 어머니와 함께 죽음을 받아들이겠노라 약속할 것입니다.[*]

　편지는 어머니를 향한 도나의 깊은 믿음과 애정을 보여 준다. 편지에서 도나는 재판의 모순을 지적하는 것을 잊지 않았다. 그의 편지를 읽은 사람이라면 적어도 두 가지, 한 평범한 가족이 엄청난 고통을 겪고 있고, 그 고통이 어쩌면 부당한 것일 수도 있다는 점을 느끼게 될 것이다. 그것은 볼테르의 바람이었고 예측이었다.

---

[*] Voltaire, *Pièces originales concernant la mort des Srs Calas*, 1762.

15.

도나가 페르네를 다시 방문했다. 볼테르의 요청이었다.

"볼테르 선생님께서 저를 부르셨다고 들었습니다."
"그랬다네, 도나 군. 그동안 나는 어머니의 고백, 자네가 어머니께 보낸 편지 등을 정리하는 작업을 해 왔어. 자네의 의도를 벗어난 표현이나 내용이 없는지 검토해 주면 고맙겠네."

도나는 볼테르가 책으로 출간하기 위해 편집한 원고를 살펴보았다.

"선생님의 놀라운 필력과 진심 어린 노고에 감동과 감탄을 금치 못하겠습니다."
"그런데 내게 한 가지 고민이 있네. 아니, 고민

이라기보다는 전략 같은 것이지. 자네도 알고 있겠지만, 아버지를 죽음으로 몰아간 툴루즈의 재판이 비공개로 진행되지 않았는가?"

"예, 그렇습니다. 재판이 비공개로 이루어졌다고 들었습니다."

"나로서는 그 비상식적인 과정을 파리 사람들에게 알리는 일이 중요하다고 생각되네. 아마 파리의 여론은 과거의 닫힌 사법적 관행을 받아들이려 하지 않을 걸세. 그리고 또 하나, 자네 어머니께서 파리로 올라가 이 사건에 대한 여론을 조성하는 데 애써 주시면 좋겠네."

도나는 어머니를 향한 볼테르의 제안에 동의하면서도 주저하지 않을 수 없었다.

"예, 선생님. 하지만 지금 어머니는 진실을 밝히려는 일체의 의지를 접은 채 시골에 머물러 계십니다. 가능할지 모르겠습니다."

"이 사건의 가장 비극적인 존재는 어머니일 걸세. 존경하는 남편과 사랑하는 아들을 동시에 떠나보낸 가련한 사람 아닌가. 그런 어머니의 목소리라면 적지 않은 사람들의 심금을 울릴 거라고 생각하네만……."

도나는 어머니를 설득할 자신이 없었다. 하지만 볼테르의 현명함과 헌신을 신뢰해야 한다고 생각했다. 도나는 세상에서 가장 불행한 여인 안로즈를 설득하기 위한 편지를 보냈다.

흉악범의 처벌은 대중에게, 대중 앞에서 확인되어야 합니다. 그 흉악범에게 부여한 벌은 공개되어야 합니다. 밝은 빛으로 드러나야 할 것을 언제까지 은폐할 수는 없습니다. 툴루즈 재판관들은 독재자가 아닙니다. 그들은 오로지 법률의 집행관이었습니다. 정의로운 왕의 이름으로 재판한 것이지요. 만약 그들이 오류를 저질렀다면 그들 또한 사람이기 때문일 겁니다. 그들이 그 점을 인정할 수 있다면, 그들 스스로 전하의 옆에서 당신의 변호인이 될 수 있다면 좋겠습니다.

자, 이제 어머니, 믿음을 가지고 재상 각하와 대신들께 호소해 주세요. 수줍음이 많은 어머니께서는 말하는 것이 두려우실 수 있을 겁니다. 하지만 어머니의 대의가 말하게 하세요. 전하는 정의를 원하고 계십니다. 바로 그것이 그가 다스리는 나라의 토대입니다. 국왕참사회는 그 정의가 회복되는 일에 관심이 있습니다. 어머니 저를 믿으세요. 요동치는 감정과 편견이 종종 우리 마음속에서 연민과 공평무사를 억누를 수 있습니다. 하지만 국왕참사회는 이 일에 어떠한 격정도, 이성의 빛을 꺼뜨릴 편견도 갖고 있지 않을 겁니다.

어떤 결과가 우리를 기다리고 있을까요? 형사 법정이 공중의 눈 아래에 드러날까요? 그렇게 된다면 사람들은 의사의 모순된 보고서와 경박한 실수가 과연 무고함을 밝혀낼 가장 명확한 증거를 이기게 되는지 보게 될 것입니다. 그럼, 사람들은 재판관들에게 이 중요한 사건에 관한 명명백백한 증거를 보라고 요구할 것이고, 그 증거들을 보면 재판관들은 우리의 의견을 받아들일 겁니다.

어머니, 당신의 계획을 실천하기 위해서는 더 큰 용기가 필요합니다. 우리의 운이 어떻게 움직일지 두고 지켜보시지요. 저희 다섯 자녀는 비록 가난하지만 모두 명예를 지니고 있습니다. 그리고 저희는 어머니가 그러셨듯이 생명보다 명예를 더 중시합니다. 저는 어머니의 발아래 앉아 제 눈물로 어머니의 발을 씻기렵니다. 어머니의 불행이 커질수록 더해지는 존경심으로 어머니의 은혜를 구하고자 합니다.[*]

우리가 앞서 본 칼라스 부인의 증언록과 도나가

---

[*] Voltaire, *Pièces originales concernant la mort des Srs Calas*, 1762.

칼라스 부인에게 보낸 서신들을 묶어 볼테르는 1762년에 『칼라스 씨의 죽음에 관한 원문서』*Pièces originales concernant la mort des Srs Calas*라는 제목의 책으로 출간했다. 칼라스의 비극적 사건에 대한 이야기가 책의 시대를 풍미하고 있는 파리로 그리고 이웃 나라로 빠르게 퍼져 나갔다. 여론의 바람이 세차게 불었다.

사람들의 이목을 집중시키고자 한 볼테르의 전략이 속도를 내고 있었다. 그는 영국에서 벌어진 한 사법적 스캔들을 칼라스 사건과 함께 묶어서 『엘리자베스 캐닝과 칼라스의 역사』*Hisroire d'Elisabeth Canning et des Calas*라는 제목의 소책자로 출간했다. 칼라스 사건보다 몇 년 앞서 발생한 '엘리자베스 캐닝 사건'의 대략은 이렇다. 1753년 1월 1일, 하녀 엘리자베스 캐닝Elisabeth Canning이 갑자기 사라졌다가 근 한 달 만에 자기 어머니 집에 나타났다. 그녀는 자신이 납치되었다고 주장했다. 피의자로 지목한 두 명이 유죄판결을 받았다. 그러나 캐닝 진술의 신빙성을 의심한 재판관에 의해 다시 조사가 이루어지는데, 결국 캐닝이 자신의 임신 사실을 숨기기 위해 조작한 사건으로 밝혀졌다. 캐닝은 1개월의 징역형과 7년간의 유배형을, 앞서 유죄판결을 받은 사람들은 무죄를 받았다. 볼테르의 그와 같은 지적 기획을 통해 대중은 사법적 판결의 오류 가능성과 은폐된 진실의 달라진 운명을 알게 된 것이다.

파리의 여론은 생각보다 빠르게 확산되었고 더 밀도 있게 형성되고 있었다. 볼테르는 주저하지 않았다. '이 여론의 힘을 앞세워 궁정을 움직여야 한다. 궁정의 영향력 있는 인사들을 설득해 국왕참사회가 사건의 재심을 열게 해야 한다.' 자신의 인맥을 생각하고 있던 볼테르의 머리에 제일 먼저 퐁파두르 후작 부인 Maquise de Pompadour이 떠올랐다. 루이 15세의 공식 정부(情婦)로 프랑스 왕실에서 그녀의 힘은 막강했다. 왕에게 국사를 조언할 수 있는 권한과, 때로는 왕비보다 더 큰 영향력을 행사하는 지위를 갖고 있었다. 퐁파두르 후작 부인은 1745년부터 1751년까지 그 자리에 머물며 루이 15세의 공식·비공식 일정에 대한 강력한 자문역을 수행해 왔다. 그러니 이 귀부인은 목표를 위한 아주 적절한 중개자가 될 만했다. 볼테르는 문학과 예술에 남다른 관심과 조예가 있는 그녀가 파리의 여러 살롱 멤버로 활동하면서 자신과 문학적 교류를 해 왔다는 점에 기대와 희망을 걸었다. 볼테르의 노력은 헛되지 않았다. 부인은 칼라스 사건에 깊은 관심을 보였다. 특히 그녀는 고문 앞에서도 당당하게 죽음을 맞이한 장 칼라스의 숭고함에 깊이 감동했다. 그녀는 자신이 사랑하는 절대 권력자에게 사건에 관한 정보와 견해를 세세하게 전달했다. 두말할 나위 없이 그건 재심의 가능성을 높일 매우 중대한 움직임이었다.

볼테르는 생각했다. '이러한 우호적인 상황에도 목표를 실현하기 위한 전략은 지나칠 정도로 촘촘하고 두터워야 한다.' 그는 국왕에게 가장 강력한 영향력을 행사해 온 정치가를 끌어들이고자 했다. 슈와젤 공작*과, 생플로랑탱 백작**이 그 인물들이었다. 하지만 볼테르가 알현한 그들은 결코 만만한 사람들이 아니었다.

"볼테르 선생, 진실을 향한 선생의 의지를 높이 삽니다. 하지만 어느 한쪽이 진실이 아니라고 해서 다른 한쪽이 진실이라는 확증은 없습니다. 그렇지 않습니까?"

"그렇습니다. 저 또한 진리의 이분법 위에 서 있

---

* 슈와젤 공작Etienne François de Choiseul, duc de Choiseul (1719~85): 프랑스의 정치가이자 외교관. 루이 15세 통치 시절 외무부 장관, 국방부 장관으로 재직하면서 프랑스 정계에 막강한 영향력을 행사한 인물이다.

** 생플로랑탱 백작Louis-Phélypeaux, comte de Saint-Florentin (1705~77): 프랑스의 정치가로, 루이 15세 통치기의 근 30년을 국무부 장관으로 재직했다.

지는 않습니다, 각하. 하지만 적어도 제 양심은 사건의 사법적 결론이 진실과는 거리가 멀다고 웅변하고 있습니다. 폐쇄된 채로 도출된 결론의 참과 거짓 여부를 다시 검토해야 하는 것에 공감하지 못할 사람은 없다고 생각합니다."

"툴루즈 고등법원을 비롯해 이 사건에 연루된 사람들이 과연 조용히 있을까요? 자신의 생명과 이익이 위협에 처하게 될 때, 인간은 언제나 극단적으로 변할 수 있지요. 여기서 정리하시는 것도 현명한 일 아닐까요? 선생을 위협하는 익명의 편지도 받으셨다 들었습니다만."

"그렇습니다, 각하."

"그동안 선생이 칼라스 씨 가족에게 보인 정성과 노력으로 충분하다고 생각됩니다. 그들은 이미 많은 위로를 받지 않았을까요? 선생의 예외적 위대함과 탁월함은 파리는 물론 프랑스 전역에 이미 널리 알려져 있습니다. 저로서는 우리 프랑스의 가장 위대하고 고귀한 문학적 영혼을 잃고 싶지 않습니다."

영향력 있는 궁정 인사의 말은 볼테르를 긴장시키기에 충분했다. 특히 마지막 표현이 내내 마음을 무겁게 만들었다. 볼테르는 대신의 주관적인 충고인지, 객관적인 근거에 입각한 우려의 견해인지 알 수 없었다. 그렇지만 보수적으로 생각하는 게 더 합리적이다. '프랑스가 떠나보내고 싶지 않은' 노문학인은 진리를 향한 길과 이익을 향한 길이 나뉘는 갈림길 위에 서 있다. 인간의 이성이란 두 얼굴을 갖고 있지 않은가? 인류에 적용될 보편적인 원칙과 원리를 찾고 규명하려는 정신을 우리는 이성이라고 부른다. 하지만 위대한 사상가 홉스와 로크가 말한 것처럼, 자신의 생명과 이익을 알고 지키려는 정신도 이성이다. 그렇다면 우리는 어떤 이성을 따라야 하는가? 뒤의 이성을 택한다고 하더라도 누가 자신을 욕할 것인가? 그것이야말로 인간의 보편적인 욕구이고 의지 아닌가?

"위대함의 표본이신 각하, 각하의 말씀은 언제나 옳으십니다. 저 또한 연약하며 이기적인 인간에 불과하다는 사실을 위대한 존재 앞에서 고백하지 않을 수 없습니다. 저를 향한 협박이 정말 두렵기도 합니다. 하지만 진실은 드러나야 합니다. 부분적인 진실이란 성립할 수 없는 개념입니다. 특히 거짓의 힘으로 한 고귀한 생명이 사라졌고 여전히 고통에서 벗어나지 못하는 생명들이 있다면, 거짓은 드러나야 하고 진실은 밝혀져야 합니다. 그 두 세계 사이, 회색 지대는 없다고 저는 감히 생각합니다."

"선생이 감수해야 할 고통과 희생이 얼마나 클지 모르겠습니다."

"저에 대한 각하의 동정에 깊이 감사드립니다. 하지만 각하, 제가 바라는 것은 오직 한 가지, 오랫동안 고통받아 왔으며, 행복을 추구할 권리가 있는 인류의 이름으로 진실을 밝히는 것뿐입니다. 저의 열렬한 항의는 곧 제 영혼이 외치는 소리입니다."*

볼테르는 단호했다. 하지만 그것은 주저함과 두려움을 모르는 결기가 아니었다. 그건 진리의 열정으로 인간의 나약함을 넘어서려는 초인적 결단력이었다. 그는 칼라스 사건의 전모를 담은 두툼한 서류들을 전달했다. 국왕참사회가 칼라스 가족의 청원을 받아들여 재판을 열 수 있도록 루이 15세를 설득해

---

* 프랑스의 문인 에밀 졸라Emile Zola가 드레퓌스사건의 진실을 밝히기 위한 일념으로 1898년 1월 13일 당시 대통령 포르Félix Faure에게 보낸 서신 「나는 고발한다…!」J'accuse…!의 일부 구절이다. 진실 규명을 향한 졸라의 열망은 볼테르의 그 열망과 동일할 것이라는 상상으로 이 표현을 활용했다. 에밀 졸라, 『전진하는 진실』, 박명숙 엮고 옮김, 은행나무, 2014, 215쪽.

달라고 강력히 요청했다.

볼테르가 왕실을 움직이기 위해 노력하는 동안 도나는 삶에 대한 어떠한 의지도 없이 깊은 절망에 휩싸여 있는 어머니를 설득하려 했다. 우리가 앞에서 읽은, 아들의 눈물 어린 호소가 담긴 편지 앞에서 안로즈의 마음이 조금씩 움직였고 결국 동요하기 시작했다. 그녀는 도나의 제안대로(사실은 볼테르의 제안대로) 파리로 가서 왕실에 청원을 올리고, 칼라스 사건의 지지 여론을 만드는 일을 시도해 보리라 마음먹었다. 이미 볼테르의 책들로 칼라스 사건이 파리의 대중에게 상당 부분 알려지고 공감을 얻고 있었으므로 그녀의 노력은 의미 있는 결과로 이어질 만했다.

"볼테르 선생님, 방금 도나의 편지가 도착했습니다. 칼라스 부인께서 막내아들의 제안을 결국 받아들였다 합니다."

"그래? 결국 큰 용기를 내셨군. 와니에, 파리로 갈 채비를 서둘러 해 주시게. 가서 안로즈를 만나야겠네."

그녀가 파리에서 해야 할 일들에 대해 의논해야 했다. 파리에 체류하는 동안 필요한 금전적 지원을 비롯한 여러 도움도 필요했다.

칼라스 부인이 파리에 도착했다. 그녀의 입에서 "아, 파리란 어떤 곳인가, 이 얼마나 대단한 이름인가."*라는 탄성이 절로 나왔다. 궁정이 베르사유로 이동했지만 파리는 여전히 프랑스의 중심이었다. 그리고 파리와 베르사유는 정보와 여론이 동시에 움직이는 하나의 공간이었다. 먼 거리를 달려온 그녀는 무척이나 피곤했다. 하지만 얼마나 중요한 일이 기다리고 있을지 모르지 않았다. 그러니 지칠 수도, 좌절할 수도, 상심할 수도 없었다. 그녀는 포기하지 않을 의지와 능력을 신께 바라고 바랐다.

루이 15세의 기도**가 그랬던 것처럼, 칼라스 부인의 기도가 기적을 선물했다. 상상하지 못한, 기대하지 않았던 놀라운 일들이 펼쳐졌다. 자신을 향한 연민, 동정, 공감, 연대, 우정의 목소리들이 들려왔

---

* 플로베르의 소설 『마담 보바리』의 주인공 엠마가 파리를 동경하며 혼자 되뇐 표현이다. 귀스타브 플로베르, 『마담 보바리』, 김화영 옮김, 민음사, 2000, 87쪽 참조.

** 뒤에 나오는 내용으로, 병마와 싸우던 루이 15세가 프랑스의 성녀를 향한 기도로 완치된 역사적 에피소드를 가리킨다.

다. 칼라스 가족을 위한 기부가 쇄도하고 있었다. 놀라움과 감동의 연속이었다. "여론은 이제 우리 편이다." 안로즈는 떨리는 마음을 진정시키며 되뇌고 있었다. 그녀는 위대한 지식인 볼테르와 함께라면 진실을 밝히고 정의를 세우는 데 어떠한 두려움도 없이 최선을 다할 수 있을 것 같았다. 희망은 그녀를 담대하게 만들었다. 하지만 '툴루즈 고등법원과 공권력이 왕실과 정치적으로 깊게 결탁하고 있다는 소문을 어떻게 무시할 수 있을까? 만약 패배하게 된다면 우리 가족은 물론 볼테르 선생님의 앞날에도 짙은 어둠이 드리우지 않겠는가?'라는 절망과 두려움도 느끼지 않을 수 없었다.

"안로즈 씨 계십니까?"

누군가 문을 두드렸다. 그녀는 조심스럽게 문을 열었다.

"누구신지요?"
"베르사유의 왕실참사회 관리입니다. 왕실참사회가 부인께 전하는 서류입니다."

안로즈는 두근거리는 심장을 진정시키면서 볼

테르에게로 달려갔다.

"선생님, 왕실참사회에서 이런 서류를 보냈습니다."

서류를 본 볼테르가 기뻐하며 외쳤다.

"아, 부인 축하드립니다. 아직 승리를 예감하기는 이르지만 좋은 소식이군요. 이제 사랑하는 두 딸과 함께 살 수 있게 되었다니, 얼마나 기쁜 일입니까!"
"감사합니다, 선생님……."

볼테르의 전 방위적 노력이 빛을 발하는 순간이었다. 1762년 10월 8일, 국왕참사회는 칼라스의 두 딸이 연금되어 있는 수도원을 떠나 어머니와 다시 결합하는 것을 승인했다. 이듬해 3월 7일에는 한층 더 인상적인 국면이 펼쳐졌다. 베르사유는 칼라스 부인, 아들 피에르, 하녀, 라베스를 소환했다. 절망과 좌절만이 유일한 친구였던 칼라스의 가족에게는 빛나는 한 줄기 희망이었다. 그들은 세 시간 가까이 국왕참사회 관계자들과 면담했다. 회합이 마무리된 뒤 국왕참사회는 국왕의 이름으로 툴루즈 고등법원에 명령서를 내렸다.

툴루즈 고등법원은 칼라스 사건에 관한 1762년의 판결을 위대한 국왕 전하 앞에서 상세히 설명할 것을 명하노라.

영원히 묻힐 것 같던 칼라스 비극의 진실을 밝힐 중대한 절차가 이제 시작될 것이었다. '그렇지만 국왕께서 툴루즈의 생각과 논리에 설득된다면? 국왕참사회가 전하의 의견에 지지를 보낸다면?' 칼라스 가족의 마음은 여전히 불안했다. 그들은 염려와 근심을 버리지 못한 채 두 해를 보내야 했다.

긴 시간을 견뎌 낸 칼라스 가족들에게 영원히 잊지 못할 여름이 찾아왔다. 1764년 6월 4일, 국왕참사회는 칼라스 사건에 대한 툴루즈 고등법원의 판결이 논리적으로 결함을 지니고 있다는 의견을 공표했다. 이듬해 3월 9일에는 칼라스 재판에 심각한 절차적 오류가 있었음을 공표했다. 뒤이어 가장 결정적인 의견이 나왔다. 국왕참사회는 칼라스와 그의 가족들이 마르크 앙투안의 죽음과 관련 없음을 판결했다. 결국, 뒤틀린 진실이 모습을 드러냈다. 주홍 글씨가 새겨진 가슴을 숨긴 채 살아야 했던 이들의 명예가 회복되었다. 국왕참사회의 판결이 있던 그날은 툴루즈 고등법원이 장 칼라스를 수레바퀴형에 처한다는 판결을 내린 3년 전 그날이었다.

계몽의 세례를 받고 있던 프랑스에서 여론은 무서우리만치 위대한 힘이었다. 그런데 루이 14세의 시대였다면 어땠을까? 절대군주의 탄탄한 지지 속에서 패권을 행사해 온 가톨릭에 도전하는 일이 과연 가능했을까? 하지만 지금은 그런 시대가 아니었다. 여론은 정치적 절대성의 광휘가 약해지고 있다는 것을 놓치지 않았다. 여론은 왕을 압박했고, 왕은 그 집단적 호소를 외면할 수 없었다. 베르사유의 군주는 권력자의 위엄과 권위를 지키기 위해서라도 그렇게 해야 했다. 그 여론이 거짓에 편승한 군중의 맹목이 아니라 진실에 뿌리내린 대중의 지혜였기 때문이다. 계몽으로 변화된 시대가 주는 위대한 교훈이었다.

자, 우리의 또 다른 관심사, 칼라스 사건을 극단적인 종교적 적대로 끌고 들어가 상상을 초월하는 잔인함으로 한 집안을 풍비박산 내어 버린 집단 광기의 책임자 행정관 보드리그의 운명은? 당연히 그 종교적 광신도는 해임되었다. 그리고 그는 실의에 빠져 헤어나지 못한 채 두 번에 걸쳐 자살을 시도하다 결국 사망했다.

16.

 볼테르는 도서관으로 올라갔다. 책은 말 없는 동료다. 중요한 결정을 해야 하는 길목에서 언제나 든든한 위로를 선물하는 벗이다. 그는 파리의 밝은 변화에 벅차오르는 감정을 억누를 길이 없었다. 붉어진 그의 얼굴이 말해 주고 있었다. 국왕참사회가 칼라스 가족들을 면담했다. 그리고 지난 판결을 전하 앞에서 설명하라고 툴루즈 고등법원에 명령하고 있었다. 물론 아직 안심할 수 없고 해야 할 일도 많았지만, 진실이 드러나고 정의가 세워질 시간이 오고 있음을 볼테르는 확신했다.

 프랑스의 위대한 지성은 자연이 자신에게 부여한 인류적 소명 앞에서 깊은 생각에 잠겼다. 앞선 시간들이 스쳐 지나갔다. '나는 아주 우연히 칼라스 사건에 관한 이야기를 들었다. 처음에는 사실이라고 믿었다. 나 역시 개신교도들에 대한 편견에 사로잡혀 있었음을 고백하지 않을 수 없었다. 하지만 여러 정보를 모아 생각할수록 진실이 은폐되었다는 의심을 지울 수 없었다. 나는 결국 진리의 빛을 간직하고 있는 자연법의 명령을 따라, 양심의 목소리를 따라 그 사건 속으로 뛰어든 것이다.'

지난 사건들의 파노라마, 그 끝에서 한 가지 새로운 질문이 떠올랐다. '그런데 칼라스 사건은 단순히 프랑스의 한 도시에서 벌어진 예외적이고 특수한 사건이 아니지 않은가?' 그에게 칼라스 사건이란 반복되어 온 종교적 광기와 박해의 오랜 역사가 18세기 프랑스에서 나타난 것이었다. 그 비극은 현상적으로는 이례적이고 특별한 사례 같지만, 사실은 인류사의 차원에서 조명하고 해석하며 답을 찾아가야 할 보편적 사건이었다. 그와 같은 생각의 궤도 위에서 볼테르는 근원적인 고민과 만났다. '칼라스 사건의 논리적·사법적 모순을 지적하는 일은 너무 중요하다. 그리하여 은폐된 진실을 세상 밖으로 드러내고 부당하게 처형되거나 핍박받은 사람들의 명예와 위상을 회복시켜야 한다. 지금까지 내가 하고자 했던 일이다. 그렇지만 칼라스 사건과 같은 반인륜적·반인권적 일들이 다시는 벌어지지 않으리라고 누가 보장할 수 있을 것인가? 종교적 편견과 광기에 사로잡혀 반대자를 무참하게 탄압하고 살육하려는 태도와 의지를 근원적으로 뿌리 뽑아야만 그

와 같은 비극을 막을 수 있지 않을까?'

오늘따라 평화롭기 그지없는 도서관 창문 밖 풍경을 보며 그는 생각했다. '칼라스 사건에는 인류에 적용될 보편 규범과 원칙이 들어 있지 않을까? 인류를 다툼 없이 살아가게 할 도덕을, 적대와 혐오를 넘어 공존과 평화를 만들 윤리를 담고 있지 않을까?'

그 물음 앞에서 볼테르는 '관용'la tolérance이라는 단어를 떠올렸다. 2년 반을 머물렀던 영국에서도 오랜 시간 청교도에 대한 심각한 박해가 자행되었다. '탄압이 얼마나 심했으면 청교도들이 모국을 떠나 네덜란드로, 아메리카로 떠나야 했을까?' 대大사상가 로크가 명예혁명 다음 해에 『관용에 관한 편지』 *Epistola de Tolerantia* 라틴어본을 네덜란드에서 출간한 것은 그러한 이유 때문이었다. 이 작은 책자에서 청빈한 사상가는 서로 다른 신앙과 종교 간 관용의 의무를 역설했다.

거듭되는 생각 속에서 볼테르의 이성이 어느 때보다 냉철하게 빛을 발하고 있었다. '그 관용의 덕성이 프랑스에도 필요하다. 결국, 칼라스 사건의 본질은 자신이 믿고 있는 종교의 절대적 우월함을 신봉하면서 다른 종교를 부정하는 태도 탓에 비극이 발생했다는 것이다. 그건 종교적 차이를 인정하지 않으려는 불관용 때문이다. 그러므로 우리가 칼라스의 비극을 막을 수 있는 근본적 해법을 찾고자 한다면 관용의 덕성을 고찰해야 한다.' 칼라스 사건의 진실로 들어가는 마지막 길목에서 볼테르는 그렇게 관용에 관한 책을 구상했다. 마음이 조급해졌다. 너무나도 강고한 종교적 편향에 사로잡힌 프랑스 사람들을 그 위험한 세계로부터 빨리 해방해야 하기 때문이었다. 그러기 위해 관용의 도덕과 관용의 윤리를 그들에게 교육해야 했다.

사람들을 계몽할 가장 효과적인 수단은 바로 책일 것이리라. 자 그럼, 어떤 구성과 내용이어야 할까? 칼라스 사건을 알려야 하고, 성서의 가르침을 전해야 한다. 그리하여 칼라스 사건이 성서의 교훈과 얼마나 동떨어져 있는가를 알려야 한다. 볼테르는 책의 시작과 끝에 칼라스 사건에 관한 이야기를 놓고, 그 중간을 성서와 기독교의 역사 속, 관용을 증명하고 역설해 주는 교리와 사례를 배치하는 구성을 생각했다. 우선 칼라스 사건의 개요를 소개함으로써 그 비극에 대한 사람들의 관심을 끌어내고, 좀 더 근본적인 관점에서 그 사건을 인식하게 만들 수 있는 구도였다. 볼테르는 도서관에 틀어박혀 작업에 몰두했다. 긴박한 인류사적 사명을 실천하는 사도와 같았다. 그의 작업은 1763년, 『관용에 관한 논설: 칼라스 씨의 죽음에 붙여』*Traité sur la tolérance: A* *l'occasion de la mort de Jean Calas*로 출간된다. 인류를 종교적 야만 나아가 모든 사회적 반反문명으로부터 해방할 기념비적 저서였다.

 '이 책을 읽은 사람들은 내가 기계적 중립을 지키지 않는다고 비판할지 모르겠다. 하지만 나는 그 비판을 감수하련다. 누가 칼라스 사건의 진실을 말하고 있고, 누가 거짓을 말하고 있는지 상식과 양심을 가진 이라면 모두 이미 알고 있지 않을까?' 볼테르는 칼라스와 그의 가족들을 덮어씌운 비속 살인의 가능성이 크지 않았음에도 툴루즈 주민들이 얼마나 극단적인 종교적 광기에 빠져 있었는가, 툴루즈 고등법원이 어느 정도로 심각한 편견과 모순에 사로잡힌 재판을 진행하고 판결 내렸는가를 꾹꾹 눌러써 내려갔다. 그리하여 그는 중대한 질문을 던지고 그에 대한 보편적인 답을 찾고자 했다. '툴루즈 판사들이 광신에 휩쓸려 죄 없는 한 가장을 바퀴에 묶어 처형한 것은 전례 없는 일이다. 한 집안의 가장과 아내가 가족과 주변인들의 조력으로 장남을 목 졸라 죽였다는 건 결코 본성에 부합하지 않는다. 가장 성스러운 종교를 남용한 결과 커다란 범죄가 빚어졌다. 따라서 종교가 너그러워야 할지 혹은 잔인해야 할지를 검토하는 것은 인류에게 유익한 일이다.'[*]

 칼라스의 사건에서 볼테르가 주목한 가장 심각

한 종교적 폭력은 흰옷의 참회자 형제단이 자행한 일이었다. 그들은 마르크앙투안을 가톨릭 순교자로 만들기 위해 그의 장례를 성스러운 순교 의식으로 거행했다. 그 종교적 연출 행위는 종교적 이분법을 따랐고, 그것은 곧 폭력의 정당화였다. 볼테르의 고민이 깊어져 갔다. '그들은 자신들의 종교를 중심으로 안과 바깥을 나눈다. 그 안의 존재들에 대해서는 성스러움, 신성함, 거룩함의 의미를 부여하고, 그 바깥의 존재들에 대해서는 경계심, 오염, 혐오의 의미를 부과한다. 그들은 그 바깥의 대상들에 대해 폭력 행사를 주저하지 않으며, 그 행위를 자신들의 교리로 정당화한다. 거기에는 어떠한 객관성도, 논리도, 검증도 따라오지 않는다. 하지만 굳이 그럴 필요가 없다. 그들의 신과 교리는 선험적으로 선이고 진리이기 때문이다. 그러한 원리 위에서 종교적 불관용이 발생한다.'

볼테르의 질문이 이어졌다. '그렇다면 이런 종교적 불관용은 어느 날 갑자기 발생한 것은 아닐 텐데, 어떠한 역사적 기원을 가질까?' 관용의 사상가는 16세기 초 신성로마제국에서 출발한 종교개혁에

* 볼테르, 『관용, 세상의 모든 칼라스를 위하여』, 47쪽.

그 기원이 있음을 밝히고 있다. 젊은 신학자 루터가 문을 연 종교개혁으로 로마가톨릭교회는 자신이 누리고 있던 종교적·경제적 기득권을 위협받는다고 생각했다. 그 기득권을 보장해 왔던 성서적 교리들을 개신교도들이 부정했고, 그리하여 개혁적 기독교에 대한 가톨릭의 적대와 혐오가 시작되었다. 가톨릭은 오히려 종교적 관용과 자유가 여러 부정적 문제들을 초래한다고 주장했지만, 볼테르가 보기에 그 주장은 현실에 근거하지 않는 것이었다. '자비와 관대함, 그리고 신앙의 자유가 끔찍한 일을 가져온다고 주장하는 사람들도 있다. 하지만 그것들이 실제로 그런 재앙을 초래한 적이 언제 있었단 말인가? 다른 종교의 자유를 인정하는 관용이 존재한다고 해서 도대체 그것이 어떻게 폭력을 초래한다는 것인가?"* 볼테르는 이 문제를 놓고 네덜란드, 미국, 중국, 일본 등 동서양의 다양한 역사적 사례를 검토했다. 그리하여 그는 종교적 관용이 오히려 평화와 공존을 가져왔다는 사실을 발견했다. 집필에 몰두한 관용의 사도는 이렇게 기록하고 있다. "요컨대 관대한 곳에서 분쟁이 일어난 적은 없다. 반면에 편협한 곳

---

* 같은 책, 61쪽.

에서는 살육이 땅을 뒤덮는다."*

　　종교적 관용을 향한 볼테르의 물음과 탐구는 계속되었다. '그렇다면 한 공동체에서 신앙의 자유, 즉 종교적 관용을 인정하게 될 때 우리는 어떠한 긍정적 효과를 기대할 수 있을까?' 이 질문을 던지면서 볼테르가 주목한 역사적 사례는 베스트팔렌조약이었다. 종교개혁은 유럽의 많은 나라를 가톨릭과 개신교로 갈라지게 했다. 그 나라들은 종교적 대결과 전쟁의 참화를 피할 수 없었다. 전쟁은 1618년에 시작되어 1648년까지, 공식적으로만 30년 동안 계속되었다. 한 세대가 전쟁의 구덩이에서 허우적거린 비극적 시간이었다. 그러므로 이 전쟁을 종결시킨 베스트팔렌조약이야말로 유럽의 안정과 평화를 가져다준 결정적 계기가 아닌가? 볼테르의 상상이 그 근거를 제시해 주고 있다. "베스트팔렌조약으로 얻은 평화가 신앙의 자유를 보장해 주지 않았더라면, 독일은 어쩌면 가톨릭교, 루터교, 개혁파 신교, 재세례파 신자들끼리 서로 살육하여 그들의 유골로 뒤덮인 황무지가 되었을 것이다."**

---

*　　같은 책, 74쪽.
**　　같은 책, 80쪽.

볼테르는 기존 교리 논쟁의 무의미함을 인식해야 신앙의 자유를 확립하고 보장할 수 있다고 쓰고 있다. 계몽으로 무장한 철학자의 눈으로 볼 때 교리 논쟁은 실제로는 별반 중대하지 않은 주제에 대한 싸움에 불과했다. 인류애에 기반한 이성적 자세로 교리를 이해하는 일이 오히려 중요하다고 볼테르는 써 내려갔다.

이미 말한 바와 같이, 계몽 이념에서 진리 발견의 근원은 자연법이다. 자연의 목소리, 즉 모든 인간의 영혼 안에 간직된 양심의 호소야말로 진리를 갈구하는 이들이 반드시 귀 기울이고 따라야 하는 원리다. 볼테르는 프랑스 대중에게 그 자연법의 위대함을 알려 주고 싶었다. '자연법이란 자연이 인류에게 가르쳐 주는 법이다. 당신이 자녀를 키운다면 그 아이는 당신을 아버지로 존경하며 은인으로 감사해야 한다. 당신이 직접 경작한 땅에서 거두어들인 곡식은 모두 당신의 것이다. 당신이 약속했거나 약속받았다면 그것은 반드시 지켜져야 한다. 인간의 법은 어떤 경우에라도 이 자연법을 토대로 해야 한다.'* 볼테르는 이 자연법의 소리에 종교적 불관

* 같은 책, 86쪽.

용에 대한 준엄한 단죄가 담겨 있다고 기록하고 있다. '이 세상 어디에서나 당신이 당하고 싶지 않은 일을 타인에게 하지 말라고 가르치고' 있는 이 자연법의 원리에 비추어 볼 때, '내가 믿는 것을 믿으라. 또한 네가 믿을 수 없는 것도 믿으라. 그러지 않으면 너는 죽으리라.'라는 주장, 또는 '믿으라. 아니면 너를 증오할 것이다. 믿으라. 아니면 내가 할 수 있는 온갖 해코지를 하련다. 괴물아, 너는 나의 종교를 따르지 않는다. 그러므로 너에게는 종교가 없는 것과 같다. 너는 이웃에게서, 마을에서, 지역에서 지탄받아 마땅하다.'*라는 불관용 주장은 진정 합당하지 않다.

    이제 볼테르는 고대 그리스와 로마의 역사로 거슬러 올라가 자문한다. '당시에도 종교적 박해가 있었을까?' 그리스와 로마의 역사와 문화, 나아가 그 고전고대 정신성의 소환은 당시 프랑스 계몽주의의 전범이었다. 계몽의 이념은 중세적인 것들에 대한 근원적 거부에서 출발해 그리스와 로마를 다시 불러냈다. 거기서 인간과 사회와 국가를 바라볼 이상적 모델을 찾으려 했다. 볼테르는 그 문명의 종교는

---

    *   같은 책, 87쪽.

'모두를 한데 연결하고 묶어 주는 일종의 매듭과도 같았다.'라고 말하면서, 자신의 신을 가지고 있다고 해서 다른 사람이 믿는 신을 인정하지 않은 것이 아니었다고 강조한다. 볼테르의 역사 해석은 이러했다. '모름지기 그리스와 로마는 다신교 문명이었다. 결국, 유일신교인 기독교가 탄생하고 성장할 수 있었던 것도 그러한 문명적 환경과 무관하지 않았다. 물론 로마가 기독교를 박해한 것이 사실이지만, 이는 유일신교가 로마의 다신교적 종교 원리를 수용하지 않았다는 데서 그 원인을 찾아야 한다.'

볼테르 사유의 여정은 다시 자신의 조국 프랑스로 돌아온다. '이 나라가 개신교도를 잔인하게 탄압하면서도 스스로 어떠한 반성도 하지 않은 이유가 무엇일까?' 프랑스 가톨릭이 박해와 탄압 속에서도 죄책감에 빠지지 않은 근본 이유는 자신들의 행위를 신의 명령으로 정당화해 왔기 때문이라는 것이 볼테르의 답이다. 이러한 해답 위에서 그는 근본적인 질문을 던진다. "우리의 종교가 아무리 신성한들 증오, 분노, 추방, 재산 몰수, 투옥, 고문, 살인 등의 행위가 곧 하느님의 은총이라는 논리로 유지되어야 할 것인가? 우리와 논쟁을 벌이는 사람들의 박해가 성스러운 행동이라면 이교도들을 가장 많이 죽인 자들이 천국에서 가장 위대한 성인이 되어야 할 것이다. 성 바돌로매 축일의 대학살 때 수백 명을 학살한 충성스러운 사람과 비교한다면 자기 형제들을 약탈하고 감옥에 처넣는 데 그친 사람은 천국에서 어떤 모습을 하고 있을 것인가?"*

이런 식의 문제 비틀기는 궁극적으로 칼라스 사건의 폭력에 대한 공격이자 고발이었다. 현재 자신이 목격하고 있고 깊숙이 개입하고 있는 이 종교 폭력의 극단적 불관용을 마주하면서 그는 가톨릭의 기원인 유대교와 예수그리스도의 가르침에 주목할 필요가 있다고 역설했다. 볼테르의 역사 해석에서 유대교가 종교적 잔혹함을 보였을지라도 역설적으로 가장 커다란 관용을 보이기도 했다. 그리고 예수그리스도는 결코 종교적 편협함과 박해를 말하지 않았다. '박해자들의 편협함, 달리 말해 억압을 합법적인 것으로 주장할 수 있는 구절이 복음서에는 보이지 않는다.' 이렇게 말하는 볼테르에게 예수는 '온유함, 인내, 관대함의 설교자'다. 그는 독자들에게 묻고 있다. '그러므로 이제 나는 당신에게 묻는다. 관용과 편협함 중 어느 것이 하느님의 법인가?' 볼테르는 얼마나 많은 위대한 성직자들과 사상가들이

---

*   같은 책, 149쪽.

종교적 편협함이 지닌 위험에 경종을 울렸는가를 알린다. 그는 종교적 광신을 따르느니 차라리 미신을 믿는 편이 나을 것이라고 이야기한다. 그 광신자에 대해서는 어떠한 종교적 관용도 베풀어서는 안 된다고 목소리를 높인다. 역으로, '관용을 누리고자 하는 사람들은 무엇보다도 광신적이어서는 안 된다.'고 말하고 있다.

맹렬한 집필 끝에 마침내 책을 마무리할 시점에 도달한 볼테르는 이 작업의 당위를 한 번 더 정리할 필요를 느꼈다. '나는 이 책을 쓰고 있다. 왜 쓰는가? 왜 써야만 하는가? 문학적 유명세를 높이기 위해서도, 책을 팔아 돈을 벌기 위해서도 아니다. 나는 오직 칼라스 사건의 진실을 세상에 드러내야 한다는 소명 의식으로 집필하고 있다. 프랑스, 나아가 모든 나라에서 종교적 적대와 불관용이 끝나야 한다는 역사적·문명적 사명감으로 책을 쓴다.'

볼테르는 하느님께 드리는 기도와 자연의 보편적 목소리를 독자들에게 이렇게 전달한다.

서로를 미워하라고 우리에게 마음을 주신 것이 아니었고, 서로의 목을 조르라고 손을 주신 것도 아니었습니다. 우리가 서로 도와 힘들고 덧없는 삶의 길을 함께 걸어갈 수 있게 해 주소서. 무기력한 육신을 덮고 있는 의

복들의 사소한 차이, 불충분한 언어들의 사소한 차이, 모든 우스꽝스러운 관습들의 사소한 차이, 우리의 모든 불완전한 법률들의 사소한 차이, 우리의 당치 않은 의견들의 사소한 차이, 우리 눈에는 불평등하지만, 당신 앞에서는 평등하기 그지없는 우리의 모든 조건의 사소한 차이, 인간이라 불리는 티끌 같은 존재들을 구별하는 이 모든 사소한 차이들이 증오와 박해의 계기가 되지 않게 해 주소서.*

나(자연)는 연약하고 무지한 상태로 태어난 너희 모두를 이 땅에서 얼마간 자라게 하고, 너희들의 잔해로 이 땅을 비옥하게 만들었다. 너희는 연약하므로 서로 도와야 한다. 너희는 무지하니 서로를 가르치고 용인해야 한다. 너희 모두의 의견이 같은 경우는 결코 일어나지 않을 것이므로 단 한 사람이 반대 의견을 갖는 경우라면 너희가 그를 용서해야 한다.**

볼테르는 원고를 이렇게 마무리 지었다. 이 책이 인류의 미래를 위한 한 줄기 빛이 되길 소망하면서.

---

*   같은 책, 263, 264쪽.
**   같은 책, 281쪽.

***

종교가, 이념이, 성이, 피부가, 문화가, 인간과 인간을 구분하는 여타의 모든 속성들이 자신과 같지 않은 타인을 거부하거나 배척하지 않으려는 태도, 그 다름과 차이를 인정하고 수용하려는 태도, 우리는 그 윤리적 태도를 '관용'이라 부른다. 그 관용의 윤리로 말미암아 인류는 함께 살아가야 한다는 도덕적 목소리를 외면할 수 없었고, 야만의 나락으로 떨어지는 어리석음에서 벗어날 수 있었다. 그 위대한 인류애의 덕성은 어떻게 태어났는가? 관용은 참으로 아름다운 도덕이자 윤리이지만 그것이 잉태하기까지는 너무나도 추하고, 비참하고, 섬뜩하고, 잔인한 반인륜적 사건을 지나야 했다.

18세기 프랑스 계몽주의의 중심에 서 있던 인물 볼테르는 그 놀라운 사건을 마주해야 했다. 그는 지식인의 이름으로 그 사건을 기록하고 파헤치며 진실을 끌어안으려 했다. 참된 것을 외면하지 않으려는 용기와 대담함으로 진실을 향한 의지와 투쟁을 실천한 볼테르에게 인류는 '관용의 사도'라는 찬사와 명예를 부여했다. 그리하여 그는 프랑스의 위대한 인물이 영원히 잠들어 있는 묘지 판테온Panthéon de Paris을 굳건히 지키고 있다.

17.

　진실과 거짓, 정의와 불의 사이, 그 치열한 싸움의 중심에 서 있던 볼테르에게는 휴식이, 자발적 고독이 필요했다. 볼테르는 페르네에서 가능하면 오랫동안 머물고 싶었다. 계절의 순환이 주는 감동을 그 작은 도시로부터 몇 차례나 선물로 받으며 볼테르는 평온한 노년을 보내고 있었다. 그러는 사이, 그는 어느덧 80대 중반에 들어섰다.

　1778년 1월 초, 볼테르가 파리로 갈 채비를 하고 있었다. 자신의 문학적 천재성과 열정이 녹아 있는 코메디 프랑세즈에서 상연할 연극을 감독하기 위해서였다. 어쩌면 파리에서 무대에 올리는 마지막 연극이 될지도 모른다는 생각에 볼테르는 이번 여행에 각별한 의미를 부여하고 싶었다. 볼테르가 파리에 도착했다. 그의 파리 입성 소식은 빠르게 퍼져 나갔다. 사람들이 코메디 프랑세즈로 몰려들었다. 연극을 마치고 무대에 선 볼테르에게 엄청난 환호가 쏟아졌다.

"칼라스의 남자 볼테르가 왔도다! 칼라스의 전사 볼테르가 왔도다! 우리 모두 일어나 그의 이름을 외칩시다."

"볼테르! 볼테르! 볼테르!"

볼테르를 연호하는 관객들의 함성이 연극 무대를 가득 채웠다. 환호성은 끝날 줄 몰랐다. 사람들은 위대한 볼테르를 외쳤고, 볼테르는 예상하지 못한 찬사에 마음을 다해 감사를 표했다. 이미 많은 시간이 흘렀지만, 칼라스 사건에 대한 파리 사람들의 기억은 사라지지 않고 있었다. 거짓과 진실의 운명은 그렇게 다르다. 희곡이 무대에서 공연될 때마다 볼테르는 작가로서만이 아니라 참여하는 지식인으로서 찬미와 존경을 한 몸에 받았다. 그도, 관객도, 파리도 모두 흥분의 도가니였다.

파리에서의 모든 일정이 끝났다. '다시 페르네로 돌아갈 것인가, 파리에 머물 것인가?' 볼테르는 고심했다. 구원의 도시 페르네만이 줄 수 있는 고요에 대한 그리움이 컸다. 하지만 파리의 부산함과 생동감이 넘치는 활기도 느끼고 싶었다. 너무나도 오랜만에 생기를 되찾는 느낌이었다. 볼테르는 파리를 택했다. 노년의 마지막을 정적과 평온 속에서 지내야 한다는 것이 왠지 부담스러웠다. 봄이 한창때인 4월 30일, 머물 집을 센 강변에 구했다.

그로부터 한 달 뒤인 1778년 5월 27일, 대중의 격정적 환호를 온몸으로 받아안은 것이 오히려 해가 되었던 것일까, 84세의 노사상가는 무척이나 힘들어했다. 침대에서 일어나지 못했다. 열을 내리기 위해 작은 얼음을 빨고 있을 뿐 거의 말을 할 수 없었다. 쇠약해져 가고 있는 볼테르의 모습을 본 친한 벗들과 친척들은 그의 마지막이 얼마 남지 않았다는 것을 직감했다. 그의 얼굴과 몸 여기저기로 죽음의 기운이 빠른 속도로 퍼져 나가고 있었다. 그를 지키고 있던 주변 사람들은 냉철한 철학자, 열정 가득한 문학가가 맞게 될 운명의 끝이 대중에게 알려지지 않기를 바랐다. 침대 머리에서 죽음을 기다리는 애처로운 볼테르의 모습은 삶의 마지막까지 대중의 인기를 한 몸에 받고 살았던 그와는 너무나 어울리지 않았다. 그들은 볼테르의 소식이 신문에 실리지 않도록 상황을 철저히 통제했다. 그럼에도 슬픈 소식은 조금씩 바깥으로 새어 나갔다. 볼테르의 죽음이 임박했다는 사실을 들은 고티에 신부 l'abbé de Gautier가 그에게 서신을 보냈다. 신부는 마음이 급했다. 볼테르가 죽기 전에 자신의 원죄 그리고 예수에 대한 믿음의 고백(고해)을 듣고 싶었기 때문이다.

초조함을 감추지 못하는 신부가 볼테르의 신앙고백을 듣고자 했던 근본적 이유는 무엇이었을까? 신의 가호 아래 볼테르가 죽음을 맞이해야 한다는 신앙적 연민 혹은 우애심 때문이었을까? 그렇지 않았다.

돌이켜보면, 볼테르는 사사건건 가톨릭교회와 충돌했다. 그는 이미 1736년에 『광신의 무덤』Le Tombeau du Fanatisme이라는 책을 집필해 교황의 폭력성과 가톨릭의 부도덕함을 고발해 왔다. 더욱이 칼라스 사건으로 말미암아 가톨릭에 대한 볼테르의 분노와 저주는 더 깊어져 갔다. 그러니 가톨릭교회가 그를 좋아할 리 없었다. 그 점에서 고티에 신부의 열망은 곧 볼테르에 대한 교회의 승리를 증언하기 위함이었다. 볼테르도 죽음 앞에서는 자신의 구원을 결정할 기독교의 신을 찾을 수밖에 없는 약한 인간에 불과하다는 증거를 보여 줘야 했다.

3개월여 전인 3월 2일, 고티에 신부가 파리 대주교의 승인을 받아 볼테르를 찾아왔다. 볼테르의 고해성사를 받기 위해서였다. 신부를 만난 볼테르는 자신의 고해성사 문서를 준비했다. 문서에는 이렇게 적혀 있었다.

신을 찬양하면서, 친구들을 사랑하면서
그리고 적들을 증오하지 않으면서,
미신을 혐오하면서 삶을 마감하나이다.*

하지만 신부는 그보다 더 긴 고백을 원했다. 이에 볼테르는 생의 마지막 글을 써 내려갔다.

이제 아래 서명자인 저는 84세가 되는 이때, 지난 4일간 피를 쏟으며, 교회도 갈 수 없는 상태에서, 생쉴피스 교회의 주교님께서 친절하게도 제게 고티에 신부님을 보내는 등 많은 선한 일을 보여 주었음을 맹세합니다. 저는 신부님께 고백했습니다. 신께서 저를 처분하신다면 저는 제가 태어난 신성한 가톨릭 안에서 삶을 마감하고 싶습니다. 신께서, 성스러운 자비 속에서 저의 모든 실수를 용서해 주시길 바라옵고, 제가 교회를 공격했다면 그 행위에 대해서도 신의 용서를 구하는 바입니다.**

---

*   Roger Pearson, *Voltaire Almighty: A life in pursuit of freedom*, Bloomsbury, 2005, p. 376.
**   같은 책, p. 376.

그러나 교회는 그 고백문을 마음에 들어 하지 않았다. 볼테르의 그런 고백문만으로는 그가 기독교의 장례에 부합하도록 자신의 죄와 믿음을 보여 준 것이 아니라고 판단했다. 그리하여 고리에 신부는 두 번째로 볼테르를 방문한 것이다. 볼테르의 죽음이 가까워진 5월 30일, 고리에 신부의 편지를 받은 볼테르의 주변 사람들이 그의 방문을 독촉했다. 하지만 유쾌하지 않은 지난 상황을 기억하는 고리에 신부는 생쉴피스 교회의 한 젊은 신부를 대동했다. 테르사크Tersac라는 젊은 신부는 다혈질적인 인물이었다. 그 성질 급한 성직자는 기독교식 장례 집전을 거부할 수도 있다는 말로 볼테르를 위협하기도 했다. 고리에 신부로서는 이 젊은 신부가 상황을 자신들의 뜻대로 밀고 나갈 수 있을 것으로 기대했음 직하다.

그날 오후, 마침내 두 성직자가 도착했다. 볼테르의 고백을 듣기 위한 마지막 시도였다. 젊은 성직자는 죽어 가는 영혼을 향해 예수의 신성을 믿는지 물었다. 볼테르가 듣지 못했다고 생각한 한 벗이 그의 귀에 대고 속삭였다.

"고리에 신부님이 당신의 고백을 듣기 위해 여기 와 있네요."

그러자 볼테르가 답했다.

"고리에 신부가요? 내 고백을 듣고자 한다고요? 그를 향한 제 찬사를 전하고 싶군요."

젊은 신부는 다시, 예수의 신성을 믿는지, 볼테르에게 물었다. 볼테르는 신부를 손으로 밀치면서 말했다.

"평화로이 죽도록 해 주시게."

두 신부는 더 이상 의지를 보이지 않고 떠나 버렸다. 그들은 볼테르가 정신이 혼미하니 어쩔 수 없다고 생각했다. 볼테르는 자신을 돌봐 왔던 비서의 손을 잡고 "친애하는 사람이여 영원히 안녕, 나는 이 세상을 떠나네."라는 마지막 말을 남기고 숨을 거두었다. 진실을 찾고자 했던 칼라스 전사의 치열했던 삶이 끝나는 순간이었다.

교회가 볼테르의 신앙고백이 신실하다고 믿었다면 그의 장례는 신부의 집전하에 교회에서 치러지고, 그의 유해 또한 기독교의 축복을 받게 될 것이었다. 하지만 상황은 그렇지 못했다. 교회가 볼테르의 고백이 충분치 않다고 판단했기 때문이다. 친척들이 볼테르 고백문의 진정성을 이야기하면서 기독교 장례를 애원했지만 신부들은 받아들이지 않았다. 볼테르의 조카들이 국왕의 도움을 받아 자신들의 요구를 관철하려 했지만 국왕은 문제에 개입하려 하지 않았다. 교회의 결정에 맡기겠다는 답변만이 들려왔다. 그렇게 가톨릭은 여전히 무시할 수 없는 종교적 영향력을 행사하고 있었다. 친척들은 볼테르가 기독교의 축복을 받지 못하고 잠들 것이라는 생각에 불편한 심기를 버릴 수 없었다.

볼테르는 살아생전 자신의 장례와 묘지에 대해 생각한 적이 있었다. 페르네를 사랑했으므로 그곳에서 잠들길 원했다. 하지만 그의 뜻대로 되리라 확신할 수는 없었다. 어쩔 수 없이 그곳 또한 가톨릭의 땅이었기 때문이다. 볼테르는 페르네에서 가까운 스위스에 잠들어도 좋을 걸로 생각했다. 자신이 사랑하는 페르네에서 멀지 않은 개신교도의 땅이었기 때문이다. 그곳은 본인의 사후에 벌어질지 모를 종교적 갈등을 걱정하지 않아도 될 장소였다.

볼테르의 장례는 어디에서 어떻게 치러야 하고 그의 시신은 어디에 안장해야 할까? 확정되지 않은 사안, 하지만 신속하게 결정해야 할 사안이 아닐 수 없었다. 볼테르의 조카들이 고민에 고민을 거듭했다. 페르네에 안장하는 것이 적합하다고 생각했다.

하지만 그곳에서 볼테르는 축복받지 못할 것이다. 시신을 안전하게 페르네까지 운구하는 것 또한 현실적으로 가능할지 모를 일이었다. 조카인 신부 미뇨Mignot가 최종적으로 결정했다. 페르네로 가는 것은 대안이 아니라고 판단했다. 조카는 볼테르를 자신이 관여하고 있는, 파리에서 멀지 않은 셀리에르 수도원Abbaye Scèlliers으로 아무도 모르게 운구해 장례를 치르기로 마음먹었다. 수도원이 그의 시신을 받아 줄지 알 수 없기에 미리 연락을 취했다. 다행히 수도원장은 볼테르를 위한 기독교 장례에 동의했고, 장례식은 6월 2일로 예정되었다.

"수도원에서 볼테르 씨의 장례를 치른다고요? 말도 안 됩니다, 주교님. 그는 가톨릭에 적대적이었을 뿐만 아니라 죽음 앞에서도 신부들의 신앙고백 요구를 거부한 사람 아닙니까. 그런 사람이 하나님의 축복으로 삶을 마감하는 것을 저는 허락할 수 없습니다."

셀리에르 수도원의 소식을 들은 파리의 대주교가 트로이 주교에게 의견을 피력했다. 셀리에르 수도원의 관할권이 트로이 주교에게 있었기 때문이다. 트로이 주교는 그에 대한 응답으로 볼테르의 기독교 장례 금지를 명령하는 서신을 수도원으로 보냈다. 하지만 그 편지가 도착하기 전에 장례미사가 시작되었다. 그렇다고 모든 것을 그대로 인정할 교회가 아니었다. 볼테르는 반反교권주의의 상징적 인물이 아닌가. 트로이 주교가 수도원장에게 요구했다.

"수도원장께서는 어찌하여 교회의 승인을 받지 않은 채 장례미사를 치렀습니까? 가톨릭의 규칙을 따르지 않은 것에 책임을 묻겠습니다. 먼저, 볼테르의 이장을 명령하는 바입니다."

교회는 잔인했다. 그들에게 관용은 어울리지 않았다.

"주교님께 아뢰옵니다. 볼테르 씨는 사망하기 전에 자신의 삶을 참회하는 고백문을 작성했습니다. 가톨릭은 그를 종교적인 이유로 파문한 적이 없지 않습니까? 그렇다면 그를 파묘해 이장할 정당한 사유는 없다고 생각합니다."

수도원장의 정교한 논리와 용기로 볼테르는 불행을 피할 수 있었다. 하지만 또 다른 불행인 모욕과

수치가 그를 기다리고 있었다. 마음 편히 죽을 수 없는 운명이었다. 교회는 분노했고 볼테르에 대한 복수극을 준비하기에 이른다. 아카데미프랑세즈가 회원이었던 볼테르의 추모 의례를 기획했지만 교회의 개입으로 치러지지 못했다. 또한 교회는 죽음을 앞둔 볼테르의 마지막 모습에 대한 근거 없는 악의적 정보들을 퍼뜨렸다. 볼테르가 지옥 불에 떨어지는 걸 피하려고 온몸을 비틀었다, 구원해 달라고 예수에게 소리쳤다, 옆에 있던 사람들의 무신앙을 비난했다, 심지어 요강 속 자신의 배설물을 모두 먹어 버렸다는 해괴하고도 근거 없는 소문이 퍼져 나갔다.

그처럼 볼테르는 교회와 화해하지 못한 채 죽음을 맞이했다. 끝내, 교회가 생각하는 기준에 충족할 고백을 하지 않고 사망한 볼테르에게 기독교 장례는 허락되지 않았다. 그뿐만 아니라 볼테르의 죽음 이후에도 그에 대한 교회의 미움과 분노는 줄어들지 않았다. 그리하여 볼테르는 죽을 때까지, 아니 죽어서도 교회와 화해하지 못했고 온전한 축복을 받을 수 없었다. 그처럼 기독교와의 대립 속에서 굴욕적으로 이 세상을 띠닌 볼테르였지만 놀랍게도 그로부터 10여 년 뒤 프랑스대혁명 속에서, 그는 반反가톨릭, 반종교의 상징적 존재로 부활했다.

18.

"모두 일어나시오. 프랑스 왕국의 위대한 전하께서 입장하십니다."

1789년 5월 5일, 베르사유궁전 대회의장의 문이 열렸다. 루이 16세*가 들어와 대회의장의 가장 높은 자리로 올라가 앉았다. 삼부회가 시작되었다. 신분제의회인 삼부회의 기원은 1302년으로 거슬러 올라간다. 삼부회는 국가 세금 징수에 관한 판단을

---

* 루이 16세(1754~93): 루이 15세의 손자. 선한 품성의 소유자로, 1774년에 즉위해 프랑스 왕국을 통치했으나 구체제의 경제사회적 위기를 해결하지 못하면서 국가를 혁명의 소용돌이 속으로 이끌고 들어갔다. 혁명 세력에 의해 감금되는 등 정치적 굴욕을 감수해야 했으며 결국 1793년 1월, 단두대에서 처형되었다.

주요 기능으로 수행하는 제도였다. 국왕 루이 16세는 1614년 이후 단 한 차례도 열리지 않았던 삼부회를 개최했다. 그 점에서 그것은 명백히 사건이었다. 175년 만에 삼부회가 열린 것이다. 그 말은 곧 국가재정이 심각한 위기에 처했음을 방증했다. 프랑스는 식민 모국 영국과 독립 전쟁 중인 아메리카 식민지를 인력, 재정, 장비, 식량 등 다방면으로 지원했다. 영국과의 복잡한 정치적·외교적 이해관계에 따른 결정이었지만 그로 인해 재정이 파탄에 이르렀다. 국왕은 납세 의무로부터 자유로운 성직자와 혈통 귀족 대표들인 1신분과 2신분에게 세금을 부과함으로써 위기를 돌파하려 했다. 하지만 두 지배계급이 강하게 저항했다. 부르주아계급이 다수인 제3신분은 그와 같은 파행에 커다란 불만을 표명했다. 그럼에도 대회의장에 선 국왕은 여전히 권위주의적 자세를 버리지 못하고 있었고, 대신들은 국왕의 실패한 정책들을 은폐하면서 군주의 덕성을 찬양하는 데 급급했다.

이런 상황을 참을 수 없었던 제3신분은 대회의장을 박차고 나와 실내 운동장에 모여 자신들의 회의체를 구성했다. 이를 '국민의회'Assemblée Nationale로 명명하면서 자신들을 프랑스의 유일하게 정당한 대표체라고 선언했다. 혁명은 그렇게 점화되었다.

수도에서 혁명이 발발했다는 소식은 빠르게 지방으로 퍼져 나갔고, 농민들이 속속 베르사유를 지나 파리로 모여들었다. 그들은 구체제 억압의 상징인 바스티유 감옥으로 쳐들어갔다. 감옥이 무너졌고 혁명의 불길이 타오르기 시작했다. 7월 14일, 뜨거운 여름이었다. 신분제의회를 해체한 대표들은 모든 인간의 보편적 인권과 존엄과 권리를 표방한 「인간과 시민에 관한 권리선언」Déclaration des droits de l'homme et des citoyens으로 민중의 호응에 응답했다.

혁명이 한 해를 돌아 나와 또다시 봄을 맞았다. 1790년 5월 30일, 볼테르의 벗으로 그의 마지막을 함께했던 빌레트Charles Michel, marquis de Vilette 의원이 회의장 연단에 올랐다. 그의 목소리는 낮았지만 힘이 있었다.

"존경하는 의원 여러분, 저는 이 자리에서 주저 없이 말씀드리고자 합니다. 이 땅의 어떤 왕들보다 더 위대했던 한 사람의 시민 볼테르는 우리 국민 모두의 존재입니다. 여러분은 그 성스러운 유해가 사인의 재산으로 전락하는 것을 과연 참아 낼 수 있겠습니까? 교회나 개인의 재산처럼 매매되는 것을 어찌 견딜 수 있단 말입니까?"*

셀리에르 수도원에 잠들어 있는 볼테르의 유해를 파리로 옮겨 와야 한다고 주장하는 것이었다. 그는 볼테르의 이장 장소로 한 성당을 지목했다. 다름 아닌 파리 소르본 대학 옆에 건립된 신고전주의 양식의 웅장한 생쥰비에브Sainte-Geneviève 대성당이었다. 그가 연설을 이어 나갔다.

"우리가, 수많은 자유의 금언을 전수해 준 그리스와 로마의 후예가 되고 유럽의 모범이 되고자 한다면 이 성당을 종교적 성인의 장소로 삼아서는 안 됩니다. 프랑스의 판테온이 되도록 해야 합니다. 그 성당이 우리의 위대한 인물들의 동상으로 채워지길, 성당 지하가 그들의 유해를 간직하길 바라 마지않습니다."**

빌레트의 제안이 받아들여진다면 볼테르의 운명은 또 바뀔 것이었다. 그렇다면 그는 왜 이장을 생각한 것일까? 그것은 무엇보다 벗에 대한 빌레트의

---

* Alexia Lebeurre, *The Pantheon: Temple of the Nation*, Editions du patrimoine, 2000, pp. 20-21.
** Jean-Claude Bonnet, *Naissance du Panthéon: Essai sur le culte des Grands hommes*, Fayard, 1998. p. 267.

개인적 소망 때문이었다. 셀리에르 수도원으로 들어가기까지 볼테르는 가톨릭교회로 인해 온갖 수난과 치욕을 감수해야 했다. 하지만 수도원에 안장되어서도 그는 편히 잠들지 못할 것 같았다. 볼테르에 대한 교회의 적대감은 시간이 지나도 줄어들지 않았기 때문이다. 가령, 묘를 덮고 있는 돌이 너무 평범하다고 생각한 조카가 그걸 바꾸려 했지만 교회는 승인하지 않았다. 볼테르에 대한 교회의 끝없는 미움 앞에서 사람들이 볼테르를, 그가 너무도 사랑했던 페르네로 옮기고 싶어 한 것은 그런 연유였다. 하지만 이미 페르네에 볼테르가 소유했던 땅이 팔려 버렸기 때문에 그것도 불가능했다. 빌레트는 자기 친구가 더 이상 갈 곳 없이 지방의 낡아빠진 수도원에 잠들 수밖에 없다는 사실이 못내 서운했을 것이다. 그의 영광스러운 삶, 특히 칼라스 사건에서 목숨을 바쳐 싸운 그의 거룩한 영혼에 비하면 그의 마지막은 너무나 큰 상처와 아픔이었고, 초라했다. '교회는 볼테르를 욕보일 자격이 없다.' 그렇게 생각한 빌레트였기에 더 거대한 이장 기획을 구상하고 제안한 깃이다.

그렇지만 국민의회 연단에서 볼테르의 벗이 이장 청원을 하려 했던 건 그와 같은 개인적 연민의 마음 때문만은 아니었다. 더 중대하고 시급한 이유가 있었다. 혁명정부는 가톨릭교회의 재산을 접수해 나갔고, 셀리에르 수도원도 국가로 귀속되었다. 국가가 접수한 교회의 문화재 중에는 사인들에게 매매될 것들도 있었다. 그렇게 되면, 즉 셀리에르 수도원이 누군가에게 팔린다면 볼테르의 유해가 어떻게 될지, 사라질지, 파괴될지 모를 일이었다. 도저히 받아들일 수 없는 상상 속에서 빌레트는 두려움을 감출 수 없었다. '볼테르를 국가가 관리하는 안전한 곳으로 옮겨야 한다.'

그런데 여기서 한 가지 의문이 제기된다. 볼테르의 유해를 안전하게 보관하려 한다면 굳이 특정 성당을 지목해야 할 필요가 있었을까? 오히려 교회보다는 국가가 엄격하게 관리하는 건물이 더 안전하지 않았을까? 하지만 그는 파리의 가장 높은 언덕 위에 솟아 있는 대성당에 볼테르를 안장할 것을 제안했다. 빌레트의 의도를 이해하기 위해서는 생준비에브 대성당의 흥미로운 탄생사를 이야기하지 않을 수 없다.

1744년 8월, 루이 15세가 병사들을 이끌고 프랑스의 동쪽으로 진군하고 있었다. 곧 국경을 넘을 예정이었다. 합스부르크가家 카를 6세의 사망으로 공석이 된 오스트리아 왕위 계승 전쟁에 개입하기 위해서였다. 프랑스가 그 대결에 뛰어든 것은 1701년부터 10년 이상 치러진 스페인 왕위 계승 전쟁에서 프랑스를 격파함으로써 유럽의 강대국으로 성장한 오스트리아를 견제하기 위함이었다. 그러나 불행히도 그는 국경을 넘기 전에 병을 얻었다. 왕은 국경 근처 도시 메츠Metz에 머물며 온갖 방법으로 병을 치료하려 했다. 하지만 아무런 소용이 없었다. 병은 깊어 가는데 왕실 의사들은 그 원인조차 파악하지 못하는 상태였다. 급기야 왕의 장례 준비에 관한 논의까지 들렸다.

죽음을 앞둔 유약한 군주는 절망적인 상황에서 마지막 기적을 바라고 있었다. 그는 프랑스의 구원자로 칭송받고 있던 준비에브 성녀에게 지극정성으로 기도하고 기도했다. 병마를 털고 일어날 수 있기를. 훈족 아틸라의 침략에서 파리를 구한 것처럼, 프랑스의 군주를 위기에서 구해 달라고 간절히 기원했다. 그의 정성이 성녀와 하늘에 닿은 것인지, 놀랍게도 기적이 일어났다. 왕의 병은 차도를 보였다. 그리고 그의 소망대로 완쾌되었다. 루이 15세는 군대를 돌려 파리로 귀환했다. 자신을 죽음의 문턱에서 긴져 올린 성녀에게 감사의 예를 올려야 마땅하지 않은가.

장엄한 순례 행차는 준비에브 성녀를 모시고 있는 수도원을 향했고, 감사의 예식을 마치고 떠나려

할 때, 수도사들이 국왕에게 알현을 요청했다.

"전하, 저희에게는 한 가지 오래된 소원이 있습니다."
"과인은 이 수도원이 숭모하는 준비에브 성녀의 가호로 생명을 다시 얻었고 이렇게 살아 있는 바이다. 내 어찌 그대들의 오랜 바람을 외면할 수 있겠는가. 어려워하지 말고 말하라."
"성녀를 모시고 있는 이 수도원은 근 1000년 전에 건립되었습니다. 전하께서 보시는 바와 같이 수도원은 세월의 무게를 이기지 못할 지경에 이르렀습니다. 바라옵건대, 새로운 수도원을 세워 주시길 소망하는 바입니다."

세속의 권력자에게 불가능한 기적을 보여 준 천상의 성스러운 존재에게 감사를 표시하는 일에 어찌 주저함이 있을까. 그 감사는 어떠한 형식, 어떠한 내용이라도 충분치 않을 것이었다. 그리하여 루이 15세는 수도사들의 요청을 기꺼이 수락했다. 기쁨으로 충만했던 군주는 수도사들의 바람인 수도원의 재건축이 아니라 파리에서 가장 큰 대성당을 건립하는 야심 찬 계획으로 응답했다. 당시의 경제 상황을 고려하면 대성당을 세우는 것은 결코 합리적 결정이 아니었지만, 왕은 공사를 밀어붙였다. 새로운 성당 건립 공사는 30여 년 동안 진행되어 혁명이 발발하는 1789년에 완공을 향해 가고 있었다.

    빌레트 의원이 볼테르의 이장 장소로 지목한 생준비에브 대성당의 역사는 그가 왜 유독 그 교회를 후보지로 생각했을까라는 궁금증에 대한 답을 제공한다. 루이 15세는 군주로서 백성들에게 큰 지지와 인기를 받지 못했다. 자신의 증조부처럼 부강한 프랑스를 건설하는 일보다는 이웃과의 평화를 모색하는 데 더 힘을 쏟았다고, 굳이 좋게 평가할 수도 있겠다. 그렇지만 그와 같은 평화 노선이 경쟁국, 특히 영국과의 제국주의 대결에서 열세에 이르게 했고, 프랑스의 대외적 위상 저하를 초래했다는 사실은 가볍게 볼 일이 아니었다. 점점 커지는 자신에 대한 부정적 여론을 어떻게 역전시킬 수 있을지는 루이 15세가 풀어내야 할 미룰 수 없는 과제가 아닐 수 없었다. 대중의 관심에서 멀어지고 있던 군주는 그 숙제를 종교와 예술로 풀어내려 했다. 자신의 정치적 힘이 아직 살아 있음을, 권위가 무너지지 않았음을 웅변할 인상적인 건물이 이 생준비에브 대성당이라고 생각했다. '그 거대하고 화려한 성당을 눈앞에서 목도하는 백성들이라면 왕이 얼마나 특별한 능력을 지닌 존재인가를 알게 될 것이다. 그러니까 위대한 프랑스 성녀의 절대적 보호와 후원 아래 있는 예외적 정치가, 가톨릭의 후광 아래 권위를 영구히 보존할 고귀한 존재, 아무리 어려운 상황에서도 그처럼 뛰어나고 웅장한 성당을 지을 탁월한 존재라는 사실을 깨닫게 될 것이다.' 왕은 그렇게 믿었다. 수도사들의 소박한 바람으로 만족될 수 없는, 파리에서 가장 크고 화려한 건물로 다시 태어나도록 해야 할 이유가 거기에 있었다. 그런 견지에서, 생준비에브 대성당은 프랑스 구체제를 지탱해 온 두 권력의 시각적 증명이었다. 점점 더 약화하는 군주 권력이 가톨릭의 보호 아래 부활할 것을 알리는 '위대한' 표상인 것이다.

프랑스혁명 세력은 정치, 군사, 외교, 법률로 자신들의 유토피아를 만들고 싶어 했으나 혁명의 완성을 위해서는 그것만으로는 불충분하다는 것을 알았기에 문화와 상징의 혁명적 힘을 이용할 필요가 있다고 생각했다. 그것은 프랑스 절대군주들이 자신들의 통치에 문화와 상징을 접합함으로써 권력의 정통성과 정당성을 극대화하려 한 역사와 무관하지 않다. 모름지기 프랑스 사람에게는 문화와 상징의 정치 인식론이라는 집단 유전자가 깊게 내재해 있다. 그렇게 혁명 주체들은 혁명이 지향하는 이념을 매력적인 이미지들로 담아냈다.

혁명은 구체제를 표상하는 남성적 군주의 얼굴과 대비되는 새로운 얼굴을 만들었다. 마리안느Marianne라는 젊은 여성의 이미지였다. 고대 로마의 전통인, 해방된 노예를 표시해 주는 붉은 프리기아phrygia 모자를 쓰고 때때로 가슴을 드러내고 있는 여성 마리안느는 지배, 억압, 권위라는 구체제의 가치들과 선명한 대비를 이룬다. 구체제의 정치적 의지가 담겨 있는 길과 광장의 이름도 혁명의 의지가 투영된 이름으로 바꾸어 버렸다. 혁명은 군주의 광장을 전복된 군주의 광장으로, 센강의 테아탱 강변길을 볼테르 강변길로, 샹젤리제 거리의 왕궁을 평등의 궁으로, 루브르궁 옆 튀일리궁 정원을 국민의 정원으로 개명했다. 종교와 신앙의 기억으로 채워진 건물들도 세속적인 용도를 위한 장소로 다시 태어났다. 가톨릭교회를, 국가 문화재를 보관하고 감상하면서 국민적 결속과 통합을 이루어 낼 박물관으로 바꾸어 버렸다. 그리고 혁명의 가치를 널리 전파해 사람들이 그 가치로 결속되도록 대규모 축제를 기획하고 거행했다. 또한 혁명 세력은 자유와 평등과 우애를 몸으로 느끼기 위한 축제 연맹제La Fédération를 기획하고 개최했다.

　빌레트는 문화와 상징을 동원하는 혁명 정치의 중요성을 알고 있는 정치가였다. 그러니까 볼테르

강변길로의 개명은 그의 아이디어였다. 스스로 귀족 작위를 버리고 혁명 세력의 일원이 된 빌레트는 볼테르의 몸, 볼테르의 이름에 담긴 강력한 정치적 상징성을 잘 알고 있었다. '구체제의 절대 권력에 맞서 싸운 그가 지방의 작은 수도원에 비밀리에 잠들어 있어야 하는 건 부당하다. 그는 죽었지만, 혁명의 지도자로 부활해야 할 위대한 존재다.' 구체제에서 살다 간 볼테르를 그의 벗이 혁명의 무대 위로 다시 소생시키려 하고 있었다. 빌레트는 확신을 가지고 있었다. '볼테르의 유해를 대성당에 안치한다는 발상은 너무나도 강력한 상징 기획이 아닐 수 없다. 볼테르가 누구인가? 군주 권력과 가톨릭에 맞서 싸워 온 전사 아닌가. 한평생을 강고한 권력에 맞서 싸우다 삶을 마감한 볼테르가 대성당에 들어간다면 그 자체로 기념비적인 사건이 될 것이다. 그야말로 구체제를 압도할, 가톨릭의 권위를 짓밟을 혁명적 의지의 연출일 것이다.'

그렇지만 국민의회는 그 필요성에 공감하면서도 결정을 미루고 있었다. 그사이 예상치 못한 중대한 사건 하나가 발생했다. 1791년 4월 2일, 혁명가 미라보*가 갑작스럽게 사망했다. 그가 병마와 씨름하던 호텔의 열린 창문 사이로 커튼이 요란스럽게 흔들렸다. 그의 죽음이 가까워졌다는 듯이.** 그렇게 그는 병석에 누운 지 일주일 만에 사망했다.

"혁명의 사도, 미라보가 사망했다."

그를 아끼고 사랑했던 파리의 민중은 그의 죽음이 믿기지 않았다. 그들은 질문에 질문을 거듭했다. '그가 언제부터 아팠는가? 혁명의 에너지로 넘쳐 나던 그가 어떻게 갑자기 죽을 수 있단 말인가? 이제 혁명은 어떤 운명을 맞을 것인가?' 여론의 동요가 감지되고 있었다.

그가 사망한 지 이틀 뒤인 4월 4일 입헌의회 의원 파스토레marquis de Claude-Emmanuel de Pastoret가 의회 연단에 올랐다. 그는 미라보의 시신을 생준비에브

---

* 오노레 가브리엘 빅토르 리케티 미라보Honoré Gabriel Victor Riqueti Mirabeau(1749~91): 아버지의 미움을 받는 등 가족사의 차원에서는 불행했지만, 계몽주의의 세례를 받아 혁명가로 활동하면서 정치적 명성을 누렸다. 그가 없는 프랑스혁명은 상상할 수 없을 정도로 위대한 혁명적 역량을 발휘했다. 하지만 왕실과 결탁한 사실이 발각되면서 정치적 치욕의 대상으로 전락해야 했다.

** Harold Cobert, *Mirabeau: le Fantôme du Panthéon, tome 1*, Séguier, 2002, p. 17.

대성당에 안치할 것, 그리고 미라보가 잠들게 될 그 성당의 이름을 혁명의 묘지, 판테온으로 바꿀 것을 강력히 주장했다.

파스토레 의원은 지난해를 떠올렸다. 빌레트의 제안이 볼테르 지지자들의 설득과 선동에 힘입어 관심을 끌긴 했다. 하지만 의회의 절대적인 지지를 받지는 못했다. 그래서 그는 자신의 제안도 거부될지 모른다고 우려했다. '위대한 문인이자 실천하는 지식인 볼테르의 유해 이장도 결정하지 못했는데 미라보를 안치해 대성당을 혁명의 묘지로 바꾸는 계획이 과연 의회의 동의를 받을 수 있을 것인가?'

하지만 그것은 기우였다. 의회는 완전히 다른 반응을 보였다. 의회는 파스토레의 연설이 있던 그날 저녁 미라보의 시신을 생준비에브 대성당에 안장할 것을 의결했다. 장례식은 4월 4일 저녁에 거행되었다. 사망 이틀 만이었다. 시신은 생준비에브 성당의 완공을 기다리며, 루이 15세의 순례 의식이 거행되었던 수도원에 임시로 안치되었다. 입법의회는 4월 10일 생준비에브 성당을 만신전萬神展을 뜻하는, 판테온이라는 이름의 혁명 묘지로 바꾸는 법률을 제정했다.

미라보는 의회로부터 매우 특별한 대우와 존경을 받으며 안장되었다. 그가 안치된 이후 대성당은 묘지라는 새로운 정치적 운명을 받아들여야 했다. 그 결정적 변화를 가져온 인물 미라보는 누구인가? 비범한 능력을 지닌 연설가였던 미라보는 제3신분 대표자들이 베르사유궁전의 실내 운동장에 모여 자신들의 정치적 대표체인 국민의회를 만들고 왕의 해산 명령에 온몸으로 저항하며 국민의회를 지켜내는 데, 그리하여 혁명이 전진하는 데 결정적인 영향을 미친 인물이었다. 그러므로 그의 죽음은 너무나도 큰 충격이었다. 미라보가 없는 혁명이라니! 혁명 세력으로서는 그의 부재가 가져올 정치적 동요를 막아 내야 했다. 그러자면 그의 장례를 특별한 형식으로 치르지 않을 수 없었다. 그것이 의회가 파스토레의 제안을 쉽게 받아들인 이유였다. 미라보를 구체제 권력과 가톨릭의 의지를 체현하고 있는 장소에 안치하고 그곳을 혁명의 성전으로 만듦으로써 미라보의 사망에 슬퍼하고 좌절하던 대중의 마음을 위로할 수 있다고 판단한 것이다.

    미라보를 안장한 다음 달, 빌레트 의원이 바쁘게 움직였다. 의회가 볼테르의 유해를 이장하는 문제를 다루기 시작했기 때문이다. 의회는 1791년 5월 8일부터 이 문제를 논의하기 시작해 볼테르의 기일인 5월 30일, 셀리에르 수도원에 안치되어 있는 그의 유해를 판테온에 안장하기로 의결했다. 두 차례에 걸친 빌레트의 제안을 쉽게 수용하지 못했다는 사실에 비추어 보자면, 의회의 신속한 의결은 매우 이례적이었다. 의회는 5월 3일, 셀리에르 수도원이 경매로 나왔다는 소식을 들었다. 빌레트의 우려가 근거가 없지 않음을 의회도 인식하고 있었던 것으로 보인다.

이장 준비가 빠르게 진행되었다. 이장을 위해 셀리에르 수도원의 묘가 열렸다. 다행히도 관과 유해는 훼손되지 않았다. 볼테르는 국민방위대가 주관한 성스러운 추모 행사를 마친 후 파리로 향했다. 볼테르의 위대함에 경의를 표시하는 행사가 파리로 가는 길목의 여러 도시에서 개최되었다. 사람들은 저마다 이야기하고 있었다.

"혁명의 위대한 정신 볼테르를 파리로 옮기고 있답니다. 파리에서 가장 큰 성당에 안장된다고 하네요."

"위대한 문학가가 우리 마을을 지나다니, 영광이 아닐 수 없습니다."

"그렇다마다요. 하지만 저분은 단순한 문학가가 아니지요. 칼라스 사건의 진실을 밝히고 가족들의 명예를 회복하는 데 자신의 모든 것을 바친 예외적 인간이었지요. 일흔이 다 된 노구를 이끌고 그 어려운 일을 해내다니. 우리 같으면 가당키나 했겠어요? 하지만 그는 초인적 의지와 열정을 발휘하면서 진실에 다가갔지요. 프랑스, 아니 인류의 귀감이 아닐 수 없습니다."

1791년 7월 10일, 볼테르의 유해가 파리에 도착했다. 그는 다음 날 판테온으로 이장되어 미라보와 함께 잠들 것이었다. 볼테르의 이장 의례는 그의 위대함에 걸맞게 대단히 성대한 형식으로 치러질 예정이었다. 볼테르의 유해가 이송되던 시간, 의회가 화가 다비드*를 불렀다.

"다비드 선생, 그동안 혁명의 전선에서 놀라운 정열로 혁명의 사건들을 화폭에 담아내 주셨습니다. 이제 역사에 길이 남을 또 하나의 일을 해 주셔야 하겠습니다. 알고 있으실 테지만 프랑스 최고의

---

* 자크 루이 다비드Jacques Louis David(1748~1825): 프랑스 신고전주의 회화를 이끈 선구적 예술가로, 프랑스혁명의 대의와 사건과 인물을 기록하고 숭배하고 기념하는 데 자신의 예술적 열정을 바쳤다. 이후 나폴레옹의 화가로 활동하면서 프랑스 제국의 영광을 찬미하는 데 전력을 다했다.

문인이자 사상가인 볼테르의 유해가 지금 파리로 오고 있습니다. 미라보에 이어 판테온에 두 번째로 안장되는 위대한 인물입니다. 의회는 가장 성대한 방식으로 그의 이장 의례를 거행하려 합니다. 선생께서 그 기획을 맡아 주셔야 하겠습니다."

"의회의 지혜로운 결정을 받들어 최선을 다해 준비하겠습니다."

다비드는 볼테르를 생각했다. 어린 시절, 칼라스라는 남자가 종교적 혐오로 인해 억울하게 죽어야 했던 사건을 들은 적이 있다. 가려진 진실을 밝혀내는 일의 중심에 섰던 인물이 볼테르라는 것을 그도 알고 있었다. '그는 혁명 프랑스가 전범으로 삼아야 할 이상적인 시대의 표상이다. 혁명 프랑스는 공적 가치 앞에서 자신을 기꺼이 희생할 수 있는 공화주의 영혼의 나라여야 한다.' 이제 다비드는 그 위대함의 역사를 담아낼 장엄한 의식을 준비하기 시작했다.

장례 전날, 볼테르의 유해가 바스티유에 도착했다. 바스티유는 프랑스혁명 기념일이 될 7월 14일, 민중의 혁명이 시작된 곳이다. 혁명의 강력한 의지가 분출되는 그 장소에 볼테르가 머물고 있는 모습은 너무나도 상징적이었다. 그곳에는 칼라스 사건의 희생자들처럼, 권력의 부당한 편견과 자의적 행사로 고통받아 온 민중의 격렬한 외침이 간직되어 있었다. 또한 그곳은 절대 권력에 대한 저항의 대가로 볼테르가 오랜 시간 감금되었던 곳이다.

다음 날 치를 장례를 위해 인부들이 볼테르의 관 주위를 장식하고 있었다. 나무로 짜인 관의 정면과 측면이 다음과 같은 문구로 채워졌다.

AUX MANES DE VOLTAIRE
L'ASSEMBLÉE NATIONALE
A DÉCRETÉ LE 30 MAY
1791 QU'IL AVOIT MERITÉ
DES HONNEURS DUS AUX
GRANDS HOMMES

볼테르의 영혼에게
의회는 1791년 5월 30일,
그가 위대한 인물의 명예를 받을
자격이 있음을 공표하노라.

IL COMBATTIT LES AHÉES ET LES
 FANATIQUES
IL INSPIRA LA TOLÉRANCE
IL RÉCLAMA LES DROITS DE L'HOMME

CONTRE
LA SERVITUDES DE LA FÉODALITÉ
그는 무신론자와 광신론자에 맞서 싸웠도다.
그는 관용에 영감을 부여했도다.
그는 봉건적 예속에 맞서 인간의 권리를 외쳤도다.

관 위에는 침대에 누워 있는 듯 비스듬히 몸을 기울이고 있는 볼테르의 상이 놓여 있었다. 그의 머리 위에는 명성과 소문의 여신 파메Famé가 날고 있었다. 칼라스 사건의 진실에 접근하기 위해 그가 가장 중요하게 생각해 온 것이 바로 파리 사람들의 여론이 아니었던가.

7월 11일, 볼테르의 관을 실은 마차가 판테온으로 출발했다. 높이가 무려 9미터에 달하는 마차를 12마리의 말이 끌었다. 그 뒤를 고대풍 의상을 입은 사람들이 따랐다. 여신 파메, 침대, 드레스 등 볼테르를 둘러싸고 있는 일련의 상징물들은 고대 장례 의식의 재현이었다. 그리스-로마에서 발원하는 정신과 문화는 프랑스혁명의 주체들에게 가장 근원적인 영감의 원천이었고 정치적 위대함의 표본이었다.

다비드가 연출한 볼테르의 장례식은 미라보와 달라 보였다. 미라보는 그와 같은 고전고대적 분위기의 웅장함으로 연출되지 않았다. 오히려 성직자의 주도로 라틴어 애도가가 불리는 등 구체제와의 단절을 완벽히 이루어 내지는 못했다.

이런 차이는 어디서 유래하는가? 미라보의 안장식과 볼테르의 안장식은 시기상으로는 커다란 차이가 없다. 그렇지만 둘 사이에 매우 중대한 정치적 사건이 놓여 있다는 점을 놓칠 수 없다. 루이 16세가 왕비 마리앙투와네트Marie-Antoinette와 함께 반혁명을 모의하기 위해 오스트리아로 탈출하다 체포된 것이다. 1790년 6월 20일의 바렌Varennes 사건이다. 역사를 거꾸로 돌리려던 이 스캔들은 국왕에 대한 돌이킬 수 없는 국민적 불신을 초래했다. 이에 대한 반발로, 군주에게는 바칠 수 없는, 위대한 인물에 대한 추앙 욕구를 자극했다. 볼테르의 안장 의례는 이런 분위기에서 개최되었으므로 구체제와 전적으로 단절되는 모습을 보일 수 있었다. 웅장한 수레와 강인한 말들이 끄는 존재 볼테르를 위대한 영웅으로 이미지화할 수 있었다. 고결한 영혼 볼테르가 구체제의 해체를 위해 혁명을 전진시키는 상징적 의식이었다. 장례 행렬은 센강을 지나 빌레트의 집 앞에서 오랜 시간 머문 후 판테온에 도착했다. 볼테르는 미라보와 함께 생준비에브 수도원에 임시로 안치되었다가 새로운 생준비에브 대성당이 완공되는 1791

년 12월 13일 성당의 지하 분묘로 옮겨졌다.

이로써 볼테르는 미라보에 이어 두 번째로 판테온에 안장되었다. 하지만 한 반동적 사건으로 인해 진정한 의미에서 '판테온에 안장된 최초의 인물'이라는 자격은 볼테르에게 부여된다.

볼테르가 안장된 후 1년 가까이 지난 1792년 11월, 혁명의회는 비밀문서를 담고 있던 상자를 튀일리궁에서 발견했다. 루이 16세가 감금되어 있던 궁이었다. 그 비밀스러운 문서에는 미라보를 필두로 주요 혁명 인사들이 왕과 내통하면서 어떻게 혁명을 전복하려 했는지가 적나라하게 드러나 있었다.

미라보가 루이 16세에게 보낸 편지에는 그가 정말 혁명의 위대한 전사였을까를 믿기 어려울 정도로 왕에 대한 절대적인 충성 의지가 구구절절 담겨 있었다. 1790년 3월 급진 혁명파 자코뱅 클럽 지도위원회 위원으로 선출된 미라보는 클럽의 지도자 로베스피에르Maximilien Robespierre와 자주 충돌했다. 그 과정에서 반혁명 왕당파의 입장을 조금씩 드러내고 있었지만, 사람들은 눈치채지 못했다. 국왕과의 음모를 증거하는 비밀문서가 발견되었을 때라야 비로소 미라보의 정치적 배신이 확연히 드러났다. 루이 16세에게 보낸 1790년 5월 10일의 서신에서 미라보는 "저는 …… 서투르고 사악한 사람들의 손에 장악된

혁명이 인민들을 이끌어 가는 극단성과 철저하게 거리를 두고 있습니다. …… 저는 전하께 어느 누구도 생각할 수 없는 충성, 열정, 실천, 에너지, 용기를 약속드립니다."*라고 고백했다. 혁명의회는 잔인했다. 그들이 느껴야 했을 배신감의 충격이 그 잔인함을 정당화했다.

프랑스 공화국의 국민공회는 튀일리궁에서 발견된 놀랄 만한 문서에 쓰인 기록 모두가 진실임을 확인하는 바이다. 혁명 프랑스가 존경해 마지않던, 프랑스의 아름다운 민중이 너무나도 사랑해 마지않던 그 미라보가 우리를 배신했다. 혁명에 등을 돌렸다. 혁명의회는 그를 최고의 존엄으로 혁명의 묘지에 모셨지만, 그는 우리 등에 칼을 꽂았다. 이에 국민공회는 위대한 프랑스 인민의 이름으로 결의한다. 지금 즉시 미라보의 묘소로 가 파묘하고 유해를 파리의 공동묘지에 묻어 버린다.

혁명과 반혁명의 야누스, 영광과 치욕의 보색 대비 미라보가 파리의 공동묘지에 아무도 모르게 매

---

* Harold Cobert, *Mirabeau: le Fantôme du Panthéon*, tome 1, pp. 40-42.

장되었다. 이 비극적인 사건은 두 가지 상반된 결과를 가져왔다. 사람들은 루이 16세가 바렌 사건 이후에도 결코 반혁명의 의지를 꺾지 않고 있다고 확신했다. 그를 생물학적으로 소멸시킴으로써만 반동의 가능성이 완전히 사라질 것으로 확신했다. 국왕을 단두대에 올리는 것이 피할 수 없는 일이 되었다. 미라보에 이어 판테온으로 들어간 볼테르가, 미라보가 축출된 자리를 지키며 혁명의 정통성에 값할 최초의 인물로 다시 태어났다. 그것이 두 번째 결과다. 구체제의 군주는 단두대에서 목이 잘리고, 진리의 사도는 존귀한 영혼으로 부활했다.

***

프랑수아마리, 아니 볼테르. 절대군주가 미워했고, 가톨릭 성직자들이 저주했고, 귀족들이 시기했다. 프랑스 구체제의 권력 주체들이 지극히 꺼리고 혐오했다. 그러나 그 마음의 강도만큼 민중에게 볼테르는 성스럽고 위대했으며 아름다웠다. 양심이 호소하는 진리의 명령이라면 어떠한 난관이 있더라도 기꺼이 따르고자 했던 지식인이었기에, 반자유의 시대를 비판하고 불관용의 사회를 공격하는 일에 자신의 삶 전체를 아낌없이 쏟아부은 계몽의 투사

였기에 그들은 볼테르를 '위대한 인물'grands hommes 로 부르고 칭송했다.

그가 노년에 운명적으로 마주쳐야 했던 칼라스의 비극은 위대한 인물 볼테르의 가장 고귀한 영혼을 보여 주기에 부족함이 없는 사건이었다. 그는 관용이라는 위대한 덕성을 인류에게 선물했다. 그 보편적 도덕 원리는 종교, 인종, 성, 지역, 이념 등으로 대립하고 갈등하는 세계가 무지와 어둠을 벗어나야 한다는 당위와 방법을 지금까지 세상에 제시해 주고 있다.

볼테르가 사랑했으며, 그를 방랑과 유랑의 굴레로부터 해방했고, 번민과 갈등의 시간을 지나 칼라스 투쟁에 참전할 것을 결정하게 한 땅 페르네. 그 도시의 공식 명칭은 '페르네볼테르'Ferney-Voltaire다. 1791년 프랑스 혁명정부가 칼라스의 전사에게 헌사한 이름이다.

저자 후기

막스 호르크하이머Max Horkheimer와 테오도어 아도르노Theodor Wiesengrund Adorno의 『계몽의 변증법』에는 '이디오진크라시'idiosyncrasy라는 개념이 나온다. 1930, 40년대 독일에서 벌어진 반유대주의에 대한 사상적 반성과 통찰을 담고 있는 생물학적·문명론적 개념이다. 모든 생명체에게는 자신과 다른 모습의 존재를, 이질적이기 때문에 피하려 하고 더 나아가 혐오스러워하기까지 하는 본능적 의지와 욕구가 있다. 인간도 예외가 아니다. 그런데 인간의 이디오진크라시는 상이한 차원을 갖는데, 자신과 다른 존재를 인정하지 않고 힘으로 없애려 하기 때문이다. 인간 속에 내재되어 있는, 타자를 향한 이 절멸의 욕망은 전대미문의 반인륜적 현상인 유대인 학살의 근원을 설명해 준다.

1761년 가을 프랑스 남부 도시 툴루즈에서 벌어진 칼라스 가족의 비극은 종교적 차이에서 유래하는 이디오진크라시의 극단을 보여 주고 있다. 오랜 시간 가톨릭이 지배해 온 도시에서 위그노로 불린 프랑스 개신교도는 인간이 아니었다. '불쾌하기 그지없는' 그들은 결코 인간이 될 수 없었다. 그 '비인간들'은, 군중의 종교적 편견과 그들과 동일한 심리적 세계에 사로잡힌 법률가들의 사법 체계가 결합한 광신의 희생양이 되었다.

하지만 우리는 칼라스의 비극이 18세기 프랑스의 예외적인 사건이 아니라는 사실을 인식해야 한다. 인류는 자신들과 인종, 종교, 정치, 문화 등에서 다른 존재에 대한 두터운 편견에 사로잡혀 그들을 향한 이디오진크라시를 자행해 왔다. 신체가 다른 인간에 대한 경멸, 신앙이 다른 존재에 대한 혐오, 상이한 가치를 지닌 이들에 대한 적대, 다른 문화를 향유하는 사람들에 대한 폄훼 위에서 이디오진크라시의 불행한 인류사가 반복되어 왔고, 지금도 세계 곳곳에서 끊이지 않고 있다. 자신들은 그 반문명적 행위를 선과 정의의 이름으로 정당화하지만, 그것은 광기이자 야만이다.

우리는 어떠한가? 우리 또한 근대국가 수립의 출발에서부터 칼라스의 비극을 경험해 왔다. 제주 4·3이 그 시작이었다. 그것은 근대국가 한국이 그 뒤로도 이념의 차이에 기인하는 폭력의 굴레를 벗어나기 어려울 것임을 말해 줄 역사적 지표였다. 38도선 이남과 이북을 가를 이념적 전선이 그어지고 이념적 적대의 두 국가로 나뉠 시점에서, 분단을 우려해 봉기한 이들은 '빨갱이'라는, 한국의 칼라스가 되어야 했다.

 18세기 프랑스의 개신교도가 그러했던 것처럼, 20세기 한국에서 '빨갱이들'은 인간의 자격을 부여받을 수 없었다. 제주 4·3에서 태동한 그 '빨갱이들'은 마땅히 추방하거나 죽여야 한다는 이념의 이디오진크라시는 1960, 70년대의 어두운 터널을 거쳐, 1980년 5·18이라는 야만의 드라마에서 정점에 올랐다. 그렇지만 우리는 여전히 그 극단의 세계에서 자유롭지 않다. 최근까지도 이른바 자유민주주의의 수호라는 기치 아래 정치적 상대를 모두 '빨갱이'로 몰아가려는 극우 파시즘의 광풍을 우리는 보았다.

 계몽의 사도 볼테르는 그 반문명적 야만을 상식과 진리의 이름으로 고발했다. 그리고 그 반인륜적 폭력으로부터 해방된 문명을 향한 꿈으로 '관용'tolérance이라는 도덕규범을 제시했다. 그런데 어두운 인류사에 밝은 빛을 비춘 톨레랑스라는 언어는 단순히 관념의 차원에서 탄생하지 않았다. 그것은 양심이라는 보편 명령을 외면할 수 없었고, 진리를 향한 의지와 정동을 억누를 수 없었던, 결의에 찬 지식인이 가톨릭과 사법이라는 당대의 기득권과 맞서 싸운 결과였다. 그렇게 그는 프랑스와 인류의 위대한 인물이 되었고, 지식인의 사회참여(앙가주망)라는 찬란한 전통을 세웠다.

종교적 편견과 광신이 사법 권력과 결탁해 은폐하고 왜곡하려 했던 칼라스 사건의 진실을 밝히는 일에 대가 없이 헌신한 볼테르의 고결함이 전하는 메시지를 우리는 듣지 않을 수 없다. 자신과 다름을 존중하는 도덕 위에서 공존의 길을 찾는 일은 절대적 당위이며, 진리와 진실을 향한 지식인의 싸움은 시대적 소명이라고 볼테르는 외치고 있다.

이러한 문제의식이 필자로 하여금 칼라스 사건에 관한 서사를 쓰게 했다. 역사적 특수성 속에서 인류사적 보편성을 찾는다는 마음이었다. 이 이야기를 구성하고 있는 인물과 시공간과 사건은 모두 객관적인 기록이다. 다만 이야기가 너무 딱딱해지거나 지루하지 않도록 객관적인 사실을 왜곡하지 않는 수준에서 가공의 상황과 심리와 대화를 포함하려 했다.

양평에서 꽃과 나무를 심으며 봄을 맞이할 준비를 하고 있던 시간, 제주4·3평화문학상 수상 소식을 들었다. 처음에는 잘못 걸려 온 전화가 아닐까 생각했다. 기대치 못한 소식을 들은 마음에는 큰 기쁨과 약간의 흥분과 막연한 염려가 함께 몰려왔다. 이 글이 비극적 삶을 피할 수 없었던 사람들의, 상상을 초월하는 고통과 절망을 과연 잘 담아내고 있는지에 대한 두려움이 컸기 때문이었다.

    이 작품에 대한 좋은 평가와 귀한 상을 베풀어 주신 심사위원님들과 제주4·3평화재단에 진심으로 감사의 말씀을 드린다. 또한 글의 수준을 한 단계 올려 주어 세상에 내놓을 수 있도록 애써 준 아내 나양과 딸 연재, 그리고 후마니타스 편집진께 고마움을 전한다.

2025년 11월
하상복

볼테르/칼라스 사건 연보

1694년 11월 21일. 볼테르, 파리에서 태어나다.
1704년. 볼테르, 루이르그랑 학교에 입학하다.
1711년 8월. 볼테르, 루이르그랑 학교를 졸업하고, 파리
　　법과대학에 입학하다.
1715년 9월 1일. 루이 14세가 사망하다.
1716년 5월 5일. 볼테르, 튈Tulle로 귀향 가다.
1717년 5월 16일. 볼테르, 바스티유 감옥에 갇히다.
1718년 4월. 볼테르, 감옥에서 나오다. 아루에라는
　　이름을 버리고 볼테르로 개명하다.
1726년 5월 2일. 볼테르, 런던에 머물기 시작하다.
1728년 11월. 볼테르, 파리로 돌아오다.
1745년 4월 25일. 볼테르, 아카데미프랑세즈 회원으로
　　선출되다.
1753년 3월 27일. 볼테르, 프리드리히 2세를 떠나다.
1754년 1월. 루이 15세, 볼테르의 프랑스 귀국을
　　금지하다.
1761년 10월 13일. 툴루즈에서 장 칼라스의 장남

마르크앙투안의 사망 사건이 발생하다.
1761년 11월 18일. 칼라스 사건의 재판이 열리다.
1762년 3월 9일. 2심 재판부, 장 칼라스의 유죄(사형)를 확정하다.
1762년 3월 22일. 볼테르, 오디베르를 만나다.
1762년 10월 8일. 국왕참사회, 칼라스 가족의 결합을 승인하다.
1763년 3월 7일. 국왕참사회, 칼라스 가족을 소환하다. 1762년 판결에 대한 툴루즈 고등법원의 설명을 명령하다.
1763년. 볼테르, 『관용론』을 출판하다.
1764년 6월 4일. 국왕참사회, 툴루즈 고등법원 판결의 오류 의견을 공표하다.
1765년 3월 9일. 국왕참사회, 베르사유에서 칼라스 사건의 재심을 열다.
1778년 1월. 볼테르, 연극 공연을 위해 파리를 방문하다.
1778년 5월 30일. 볼테르, 파리에서 사망하다.
1789년 5월 5일. 베르사유에서 삼부회가 열리다.
1791년 4월 10일. 혁명의 묘지 판테온이 설립되다.
1791년 5월 30일. 혁명의회, 볼테르의 판테온 안장을 의결하다.
1791년 7월 11일. 볼테르, 판테온으로 이장되다.

도움받은 자료

강대석. 2017. 『루소와 볼테르: 인류의 진보적 혁명을 논하다』. 푸른들녘.
로크, 존. 2008. 『관용에 관한 편지』. 공진성 옮김. 책세상.
리비에르, 다니엘. 2000. 『프랑스의 역사』. 최갑수 옮김. 까치.
박홍규. 2000. 「칼라스 재판과 볼테르」. 『영남 법학』 6(1).
볼테르. 2019. 『광신의 무덤』. 고선일 옮김. 바오.
_____. 2022. 『관용, 세상의 모든 칼라스를 위하여』. 김계영 옮김. 옴므리브르.
샤르티에, 로제. 2015. 『프랑스혁명의 문화적 기원』. 백인호 옮김. 지식을만드는지식.
융거, 볼프강. 2002. 『카페하우스의 문화사』. 채운정 옮김. 에디터.
이동렬. 2004. 「이성과 관용 정신: 볼테르의 관용론 고찰」. 『인문논총』 52집.
졸라, 에밀. 2014. 『전진하는 진실』. 박명숙 엮고 옮김.

은행나무.

크롱크, 니컬러스. 2020. 『인간 볼테르: 계몽의 시인, 관용의 투사』. 김민철 옮김. 후마니타스.

푸코, 미셸. 2020. 『감시와 처벌: 감옥의 탄생』. 오생근 옮김. 나남출판.

플로베르, 귀스타브. 2000. 『마담 보바리』. 김화영 옮김. 민음사.

하상복. 2007. 『빵떼옹: 성당에서 프랑스 공화국 묘지로』. 경성대학교 출판부.

Armstrong, Ken. 2024. "Broken on the Wheel". *The Paris Review*.

Bonnet, Jean-Claude. 1998. *Naissance du Panthéon: Essai sur le culte des Grands hommes*. Fayard.

Caisse nationale des monuments historiques et des sites. 1989. *Le Panthéon: symbole des révolutions - de l'Eglise de la nation au Temple des grands hommes*. Picard.

Cobert, Harold. 2002. *Mirabeau: le Fantôme du Panthéon, tome 1*. Séguier.

Kantorowicz, Ernest. 1985. *King's Two Body*. Princeton University Press.

Lebeurre, Alexia. 2000. *The Pantheon: Temple of the Nation*. Editions du patrimoine.

Mentzer, Raymond A. 2014. "Calvinist Propaganda and

the Parlement of Toulouse". *Journal Archiv für Reformationsgeschichte - Archive for Reformation History*.

Orieux, Jean. 1966. *Voltaire*. Flammarion.

Orsoni, Jean. 2018. *L'Affaire Calas avant Voltaire*. Centre international d'étude du 18e siècle.

Pearson, Roger. 2005. *Voltaire Almighty: a life in pursuit of freedom*. Bloomsbury.

Thorp, René W. 2016. *Voltaire et l'affaire Calas*.

Voltaire. 1762. *Pièces originales concernant la mort des Srs Calas*. gallica.bnf.fr/12148/bpt6k1040686v.